近代日本における 自学主義教育の研究

深谷圭助…[著]

三省堂

表紙写真　「福岡県穂波小学校児童の自修」(『教育実験界』第 23 巻 4 号、1909 年)
　　　　　「長崎県壱岐郡盈科小学校のダルトンプランによる自学」(小原国芳編『日本の新学校』玉川学園出版、1930 年)
装丁　　　三省堂デザイン室
本文組版　株式会社アイワード

目　次

図表一覧
凡　例

序　章　本研究の課題と構成　　1
 第1節　本研究の目的と問題の所在　　3
  1-1　本研究の目的　　3
  1-2　本研究の意義　　6
 第2節　研究課題の設定と研究方法および論文構成　　9
  2-1　研究課題の設定　　9
  2-2　研究の方法　　9
  2-3　論文の構成　　12
 第3節　先行研究の分類と検討ならびに主要な概念の定義　　17
  3-1　先行研究の分類と検討
   　　―本研究の位置づけ　　17
  3-2　主要な概念の定義　　38

第1章　岡千賀衛の自学主義教育論
  　　―明治末期、福岡時代を中心に―　　45
 第1節　はじめに　　47
 第2節　岡千賀衛の経歴　　47
 第3節　山門郡富原高等小学校における岡千賀衛の自学主義教育論　　51
 第4節　福岡県師範学校附属小学校における岡千賀衛の自学主義教育論　　60

第5節　その後の岡千賀衛
　　　　　―東京高等師範学校附属小学校における自学主義教育論―……72
　第6節　おわりに
　　　　　―岡千賀衛の自学主義教育論の意義―………………………………79

第2章　福岡県公立小学校における自学主義教育の実際（Ⅰ）
　　　　―福岡県嘉穂郡穂波高等小学校の事例を中心に―　　　　　　89
　第1節　はじめに ………………………………………………………………91
　第2節　福岡県嘉穂郡における人口増加と公民育成への要請 ……………93
　第3節　穂波小における自学主義教育 ……………………………………101
　　3-1　穂波小における「自学観」…………………………………………101
　　3-2　穂波小の「自治訓練」………………………………………………102
　　3-3　穂波小の自学のための「教材選択・配列」観 …………………104
　　3-4　穂波小における自学のための「教授上の注意」…………………105
　　3-5　穂波小における自学のための「環境整備」………………………106
　　3-6　穂波小における自学実践のための教員相互の「共通理解」……107
　第4節　穂波小訓導村山増吉の「機会均等主義学級輔導法」……………110
　　4-1　村山増吉の学級輔導方針 …………………………………………110
　　4-2　村山増吉の「学級自治」に関する方策 …………………………111
　　4-3　村山増吉の「自学輔導法」…………………………………………113
　第5節　おわりに ……………………………………………………………122

第3章　福岡県公立小学校における自学主義教育の実際（Ⅱ）
　　　　―福岡県筑紫郡御笠北高等小学校の事例を中心に―　　　　　129
　第1節　はじめに ……………………………………………………………131
　第2節　御笠北小における自習法習得のための教育内容論 ……………132
　第3節　御笠北小における自習法習得のための方策 ……………………134
　第4節　御笠北小における教師の児童観 …………………………………138

第 5 節　御笠北小における自習法習得のための「学業会」……………… 142
第 6 節　御笠北小における自習法習得のための「技能会」……………… 151
第 7 節　おわりに …………………………………………………………… 154

第 4 章　鹿児島県師範学校附属小学校における自習時間の特設
　　　　―木下竹次・有永真人の自学主義教育実践を中心に―　　159
第 1 節　はじめに …………………………………………………………… 161
第 2 節　鹿児島附小における自習時間の特設 …………………………… 166
第 3 節　鹿児島附小の復習法にみられる児童の学習観 ………………… 171
　3-1　授業における「復習」の意味 ……………………………………… 171
　3-2　自習時間における復習法指導の実際と児童の学習観 …………… 172
第 4 節　おわりに …………………………………………………………… 178

結　章　本研究の考察と残された課題　　185

参考文献一覧　　211
あとがき　　225
参考資料　　229

図表一覧

表0-1	自学主義教育にかかわる先行研究の分類	18
表1-1	岡千賀衛の職歴と各校における実働勤務年数	48
表1-2	岡千賀衛の自学輔導論の概要 ―冨原小時代―	58
表1-3	福岡附小における清水甚吾と岡千賀衛の担当学級	63
表1-4	岡千賀衛の自学輔導論の概要 ―福岡附小時代～東京高師附小時代―	65
表1-5	岡千賀衛の読方教授案および批評会記録	72
表2-1	福岡県嘉穂郡人口の推移	95
表2-2	福岡県嘉穂郡穂波村内尋常小学校卒業児童数の推移	96
表2-3	福岡県教育会会員数の推移	100
写真2-1	穂波小村山増吉学級における自学の様子	119
写真2-2	1907（明治40）年頃の愛知県碧海郡亀城高等小学校における黒田定衛校長による修身教授の様子	120
表3-1	御笠北小における、学業会に向けての取り組み日程表	148
表4-1	鹿児島附小における自習時間の内容	167
表4-2	鹿児島附小における「新教授中に行う復習」の教法の事例	175
表4-3	国語読本漢字頻出度一覧表（一部）	177
図5-1	明治末期から大正期にかけての福岡から始まる自学主義の系譜図	191
表5-1	大正9年における全国市町村立尋常・高等小学校における複式編成学級の実態	194

凡　例

一、史料引用にあたっては、原則として仮名づかい、送り仮名、句読点は原文のままとした。ただし、引用史料中の漢字の字体だけは、新字体に改め得るものはできるだけ改めた。

一、引用史料中の誤植、誤用、あるいは疑義のあるものには（ママ）をつけた。

一、引用史料中の判別しがたい文字は□□で示した。

一、本文中の人名は、研究対象として扱う場合は、すべて敬称を略した。

一、本文中の年号は西暦年号を本体とし、括弧内に元号を併記するようにした。

一、引用文中における筆者の補足は、（　　）内に「―引用者」と記した。

序　章

本研究の課題と構成

序　章　本研究の課題と構成

第1節　本研究の目的と問題の所在

1-1　本研究の目的

　本研究は、明治末期、わが国の初等教育現場、特に地方の公立小学校で展開されたとされる自学主義教育を主な研究の対象として、児童の主体性形成のための教育方法原理を明らかにすることを目的とする。

　なお、ここでいう明治末期とは、1900年代から1910年代初頭のことを示し、小学校とは、尋常小学校および高等小学校を指すこととする。

　本研究のこのような目的の設定は、次のような二つの問題意識に基づいている。

　一つめは、知識や技能の習得を目的とする教育よりも、主体的に学ぶ態度や学ぶ習慣の習得を目的とする自学主義教育を志向する小学校が、本当に地方の公立小学校の中からあらわれるようになったのか、もしそうならば、どのような教育方法原理に基づく教育であったのかという問題意識である。

　自学主義教育とは、結果として知識や技能をどれだけ習得したかという点よりも、その過程において、児童自ら学ぼうとする態度や習慣をどれだけ習得したかという点に大きな関心を払う教育である。

　わが国における児童の学ぶ態度を重視した教育は、大正デモクラシーの社会風潮の流れの中で、都市中産階級の子弟子女が通う私立小学校や師範学校附属小学校などにおいて展開されるようになり、全国に広がったといわれてきた[1]。

　しかし、谷本富（1867-1946）や樋口長市（1871-1945）らは、自学主義教育は、すでに明治末期において、全国各地で行われ、九州地方、特に福岡県の公

立小学校において熱心に行われていることを指摘していた[2]。もし、このことが事実であるのならば、児童の主体性形成のための教育が、①都市中産階級の子弟子女が通う、②都市部の私立小学校や師範学校附属小学校において、③大正デモクラシーの影響下で繰り広げられたというこれまでの通説が覆される可能性があると考えられる。

つまり、このことは、①富裕層とはいえない親の子弟子女が通う、②地方の公立小学校において、③大正デモクラシーの影響を受ける以前に、児童の主体性を重んじる教育が展開されていたということを示しているのである。

本研究における、第一の問題意識は、児童の主体性形成、すなわち、自ら学ぼうとする態度や習慣の育成を主目的とする教育が、本当に谷本らが述べたように、地方において早くから展開されていたのか。もしそうであるならば、なぜ地方だったのかという点にある。

また、自学主義教育の実際を扱った研究はこれまでほとんど行われていない。この研究がどのような方法原理によるものなのかを明らかにすることは、近代日本教育方法史研究に資することができると考える。

二つめは、なぜ、明治末期という時期に、児童の主体性を重んじる教育が小学校現場で展開されるようになったのかという問題意識である。

明治末期の小学校において、児童の主体性を重んじる自学主義教育が展開されたとするならば、なぜこの時期に自学主義に基づく教育実践が行われるようになったのだろうか。そして、自学主義教育は、誰が何を企図して行うようになったのだろうか。

このことを明らかにするためには、明治末期における小学校教育を規定する諸要因に考慮し、その文脈にしたがって解釈することが必要である。

明治末期、義務教育就学率が急速に向上し、教員不足、教室不足といった学校内における教育条件をめぐる状況は、教育の質を大きく左右するものであった。明治末期における過大学級の出現により、児童を二つのグループに分けて時間差を設けて登校させ、一人の教員がこの二つのグループを指導する二部教

授[3]が流行した。上級学年の授業時間を確保するために、早めに上級生は登校させ、教員が下学年の学習指導をしている間、自学をさせるという方法をとるようにしていた。明治末期におけるこうした教員不足等の教育条件をめぐる問題が自学主義教育の展開の一つの契機になったのではないだろうか。

もう一つの自学主義教育の展開の契機として考えられるのが、複式学級[4]における自働・自動の教育方法の深化・発展である。

明治30年から同40年にかけて、わが国の学級編成において、複式学級が多数を占めていた実態は、数多くの先行研究において指摘されている。複数の異なった学年の児童が混在する教室空間において、一人の教員が一斉指導することは困難なことである。一人の教員がどのように効率的に教育を展開するかという問題を考えたとき、子どもの学習への主体性、すなわち、子どもたちの「自働・自動」に着眼せざるを得なかった。学級をめぐる指導困難な状況の中で、小学校教員たちが、自学自習、自働・自動の指導のあり方を模索し、その研究知見を、後の単式学級における指導法として採用するようになったのではないかという仮説が成り立つのである。

これらの問題は、徐々に解消されるようになるが、この時期に形成された、自学指導法が、後に児童の主体性を重視する教育方法原理として活かされるようになったのではないかと考えられる。これが自学主義教育の展開の契機となったのではないか。

また、明治末期、内務省が主導した地方改良運動により、小学校において自治心を涵養する教育をめざす動きが見られた。地方における地方改良運動と、小学校における自治・自学との関わりについても触れていきたい。

このように、児童の主体性、つまり自発的、自学、自治的に学ぶ態度を重視する教育が、児童に知識や技能を効率的かつ効果的に習得させるための方法であった教育から、児童の主体的態度を身につけることそのものが目的となる教育へと、教育の目的を転じるようになったという点は着目しなければならない点である。

こうした明治末期の教育を巡る状況を踏まえ、自学主義教育が近代日本の教

育史においてどのような意味を持つのかについて検討し、大正新教育との接続を考える契機としたい。

本研究では、実践を伝える史料を分析し、以上の二つの問題意識を踏まえながら検討をすすめ、この時代の地方の教育実践の、近代日本教育方法史上に果たした役割について明らかにしていきたい。

1-2 本研究の意義

本研究は、以上のような問題意識のもとで、目的の設定がなされたわけであるが、本研究の目的が達成された場合、どのような意義がみとめられるのだろうか。

本研究の意義として次の２点を挙げたい。

一つめの意義として、知識や技能の習得を目的とする教育よりも、主体的に学ぶ態度や学ぶ習慣の習得を目的とする教育を志向する小学校が、なぜ、地方の公立小学校の中から現れるようになったのかを明らかにすることで、わが国の新教育運動が、中央から地方へ、師範学校から地方の小学校へという、これまでの新教育展開の構図を見直すきっかけを与えることができると考える。

二つめの意義として、なぜ、明治末期という時期に、児童の主体性を重んじる教育が地方の公立小学校現場で展開されるようになったのかを明らかにすることで、実質的に新教育運動が、明治末期には、かなり広範囲に行われていた可能性を示すことになる。また、この時期に展開された自学主義教育実践の教育方法原理について明らかにすることで、大正新教育との連続性の可能性を示すことができると考える。

これらの研究の意義について、もう少し敷衍してみよう。

まず、一つめの意義である。

教育という営みは、教師と子どもを軸としながら、家庭、地域の状況等、極めて地方的な文脈に基づいて展開される。学校、学級の置かれた状況や子ども、

家庭、地域の実態が教育の方針を決定する大きな要因となる。

　今、この授業においてこの子どもをどうしたらよいのか、明日の授業で、この子どもをどうしたらよいのか。そうした目前の課題を解決しながら、教師たちは、毎日の教育活動を行っている。その中で、その子どもたちがどのような家庭の子どもなのか、その学校がどのような地域の学校なのかという点が、日常の教育活動を展開する上で影響を与えているはずである。特に、師範学校附属小学校や私立小学校と違い、公立小学校には地域的課題が反映され易かったはずである。

　このことから考えれば、制度や法により教育が規定されるという、中央からの規制よりもむしろ、実際の児童を取り巻く、様々な地方的状況が、直接どのように学校教育の中身にかかわっているのか、学級、学校がどのような状況下に置かれているかという問題の方が実質的な問題なのであることに気づかされる。

　こうした問題は、実は、教育実践記録の中に落とし込まれていることが多いのである。つまり、こうしたことを実証するためには、個々の学校や教師の教育実践をもとに分析することが必要なのである。

　その意味において、福岡県は、非常に興味深い地域である。まず、谷本富を始めとした樋口長市ら自学主義教育の唱道者たちが「自学主義教育の中心地」として挙げた地域が福岡県であった。更にこの福岡県には、自学主義教育で知られる拠点となる学校はあまり知られていない。福岡において、広く公立小学校において自学主義教育実践が展開されているということは、何を物語っているのだろうか。また、明治末期における福岡が、どのような背景を背負っていたのかという問題と教育の問題との関係から見えるものは何であろうか。このことを明らかにすることで、新教育が中央の研究校から地方へ拡大したという従来の定説を見直す糸口を見出すことができる。

　次に二つめの意義である。
　明治末期における、教育実践を分析した先行研究は決して多くない。明治期

におけるヘルバルト主義教育から大正新教育へ移る段階において、全国各地で展開されていた活動主義や自学主義教育の実践事例の報告や、これを対象とした分析研究がほとんどみられない。

しかし、この時期は、就学率が上昇し、義務教育が6カ年となり、徐々に小学校としての形が整っていく時期である。複式学級が減り、単式学級が増加し、急速に変化する教室の中で、授業がどのように展開され、学校教育の質がどのように変化していったのかについて明らかにすることは実態として教育実践から教育学を語る上で大変重要である。

従来の先行研究で語られてきた大正デモクラシーという当時の社会風潮の変化と連動して新教育運動を位置づけるという大きな括りではなく、明治末期、何が教育現場で起こっていたのか、当時の教育実践から見えてくるものとは何か、具体的にどのような方法をもって、児童の主体性を育てる教育が展開されていたのかを明らかにすることは、教育方法史研究の上においても重要である。

以上のように、明治末期における、福岡県の教育を取り巻く状況を分析しつつ、初等教育にどのような影響を与えていたのか、そして、小学校で営まれていた自学主義教育がどのようなものであったのか、その実態について明らかにし、新教育運動との関係性のなかでとらえることは、これまであまり論じられてこなかった地方の教育に新教育運動の芽が胚胎していたという一つの仮説を立証することに繋がるのである。

第 2 節　研究課題の設定と研究方法および論文構成

2-1　研究課題の設定

本研究において、解明をはかろうとする課題は、主に次の 3 点である。

(1) なぜ、知識や技能の習得を目的とする教育よりも、主体的に学ぶ態度や学ぶ習慣の習得を目的とする教育を志向する小学校が、地方の公立小学校の中からあらわれるようになったのかその要因を明らかにすること。

(2) なぜ、明治末期という時期に、児童の主体性を重んじる教育が小学校現場で展開されるようになったのかその要因を明らかにすること。

(3) 明治末期における自学主義教育実践の実態を明らかにし、大正期に展開される新教育運動に接続するだけの内実を有していたのかを明らかにすること。

　(1) から (3) の課題に取り組んだ後、結章において本研究の成果と結論を述べる。

2-2　研究の方法

　本研究では、まず、文献や史料を取り寄せ、文字化されたテクストに対峙しながら、そこに盛り込まれた思想や実践を分析・解釈する、文献解釈的研究手法を用いることとする。その際、特に次のような点に留意しながら研究をすすめていくことにする。
　社会学の立場から日本の教育、特に教科書問題を論じた岡本智周が、「公文

書主義を前提とする実証史学が『歴史を語る』うえでの特権的な手法たりえなくなった」[5]、「歴史を語るための論拠は、1990年代に入る時点ですでに多様化しており、それは文書史料、なかんずく公文書を最も重要な資源とする厳格な歴史学の守備範囲を、はるかに外れたものとなっていたのである」[6]と指摘したように、公文書こそが、「客観性」にみちた史料であるはずだった教育史研究が、そもそも公文書そのものが、客観的でないのではないかという批判に直面している。

　岡本が指摘しているように、近年、公文書を第一とするのではなく、現場に近い地方的な史料を、その地方的な文脈に基づいて解釈する研究が、1990年頃から教育史の分野においてもすすめられている。

　本研究も、実際に現場の小学校教員が綴った実践の記録を読み解くことを中心的な作業としたいと考える。本研究では、公文書には殆ど残されることのない、教育実践の内容を記した地方の小学校教師による著作を中心に蒐集し、その中から抽出される小学校教師たちの教育観が具体化された教育方法を明らかにする。

　具体的には、自学主義の展開された時期、自学主義教育が盛んであったとされる地域に焦点を当てて研究をすすめていくことにしたい。

　そして、次の三つの段階を踏まえながら、史料の検討をすすめていくことにしたい。

（第1段階）

　まず、自学主義教育の代表的実践者の教育理論や実践を明らかにすることである。

　自学主義教育の一大中心地といわれた福岡県は、公立小学校で広くこの種の実践が展開されていたと言われている。そこで、本研究において分析をすすめるにあたり、岡の自学実践の実態はもちろん、同時代の公立小学校における無名の教師たちの実践を発掘し、その実践の対比を試みることにした。このことにより、自学主義教育実践が特定の人物から発信していたのか、また、明治末期、福岡県にそうした実践を行うことの必然性があったのかどうかを確認する

ことができると考えた。
（第2段階）
　次に、地方的な史料に基づいて、自学主義教育の実践で成果を挙げていた学校や人物を発掘し、その理論や実践の中に代表的実践者といわれた人物の影響は見られるのかどうかを明らかにすることである。
　これまでの研究では、学校レベル・学級レベルでの実践の実態にまで入り込んだ事実の解明が不十分であった。府県の教育会の発行する教育会報や教育会雑誌は、地方的な文脈があらわれており、本研究で明らかにしたいと考えている。その地方であるからこそ展開された教育というものが果たして存在したのかどうか。その実践が、後に新教育と呼ばれるものとどのような共通点があるのかどうかを明らかにしていきたい。
　地方の実践を丹念に見つめるための重要な史料として、府県教育会会報、特に本研究の場合、福岡県教育会会報を主な史料として分析を試みることにしたい。
　府県教育会会報は郷土資料として都道府県によってはマイクロフィルム等で保管されている所もあるが、福岡県の場合、この時期の会報は散逸している号が多く史料として大変貴重である[7]。同会報は、明治末期、福岡県における自学主義教育の実施状況を示す重要な史料である。同史料を活用することによって、福岡県の自学主義教育の実際を明らかにしたい。また、当然のことであるが、府県の教育会雑誌の性格も明らかにしながら、実践を分析する必要がある。こうした点にも配慮しながら、地方からの史料を活用していきたい。
（第3段階）
　最後に、この時代の自学主義教育実践が、後にどのような影響を与えるのかという視点で、大正新教育運動において活躍した著名な実践家の自学主義教育実践の事例を取り上げ、その実践を分析することで、明治末期における自学主義教育と、大正新教育運動の連続性を明らかにすることである。
　これまで、大正新教育運動において活躍したとされる教師は数多くいるが、明治末期にどのような実践を展開していたかについては、あまりよく知られて

いない点が多い。

　特に木下竹次（1872-1946）は、奈良女子師範学校附属小学校において、「特設学習時間」を第１校時に設置し、各自が「学習法」を駆使して独自学習を展開した。これまで、木下竹次が学習法の実施について構想し、その実践を開始した時期が、木下の鹿児島時代[8]であるといわれてきた[9]。しかし、この学習様式の原型がどのようなものであったかについては、これまで十分明らかにされてこなかった。

　そこで、明治末期の鹿児島師範学校附属小学校における自学主義に基づいた教育実践、「自習時間の特設」について分析、検討することにした。

　明治末期における自学主義教育、自学輔導の影響を木下竹次がどのように受け、彼の学習法の構想が形成されていったのかを考察する対象として木下の鹿児島県師範学校附属小学校の実践を取り上げるのは、大正新教育運動研究、木下竹次研究の上でも大いに意義がある。

　本研究では、明治末期、鹿児島県師範学校附属小学校の実践に関わる史料に基づいて研究をすすめ、明治末期の自学主義教育における鹿児島県師範学校附属小学校の自習法を分析することで、木下竹次の学習法がどのように生成されたものかを明らかにしたい。そして、自学主義教育が、大正新教育における代表的な教育方法原理である「学習法」とどのように接続していったのかを描き出したい。

2-3　論文の構成

　本研究では、次のような構成と手順で分析をすすめていく。その概要を述べておきたい。なお、本研究は、６つの章から構成されている。

　「序章　本研究の課題と構成」では、(1) 本研究の目的と意義、(2) 研究課題の設定、(3) 研究方法および論文構成について行ってきた。これらに加えて、さらに、(4) 先行研究の分類と検討 (5) 主要な概念の定義について行っていく。

　「第１章　岡千賀衛の自学主義教育論―明治末期、福岡時代を中心に―」では、

自学主義教育の代表的実践家とされる岡千賀衛（1880-1918）の自学論と自学主義教育実践が、どのように形成されていったのかを、彼の3つの勤務校、福岡県山門郡富原高等小学校、福岡県師範学校附属小学校、東京高等師範学校附属小学校の3つの時期に発表された論考をもとにして分析をする。

ここで明らかにしたいことの第一は、岡が「自学主義の中心地」といわれた福岡県において、どのような自学論を形成し、実践の構想を持つようになったのか。そして、如何なる実践を行ったのかという点である。

これらの分析により、岡が、何から影響を受けて自らの自学主義教育論を構築したのかを明らかにしたい。そして、岡が当時主張した自学主義教育論の意義についての評価を試みたい。

第1章の構成は以下の通りである。

第1節　はじめに
第2節　岡千賀衛の経歴
第3節　山門郡富原高等小学校における岡千賀衛の自学主義教育論
第4節　福岡県師範学校附属小学校における岡千賀衛の自学主義教育論
第5節　その後の岡千賀衛　―東京高等師範学校附属小学校における自学主義教育論―
第6節　おわりに　―岡千賀衛の自学主義教育論の意義―

「第2章　福岡県公立小学校における自学主義教育の実際（Ⅰ）―福岡県嘉穂郡穂波高等小学校の事例を中心に―」では、まず、前章で明らかにした岡千賀衛が自学主義教育実践を行い、「自学主義教育の一大中心地」といわれた福岡県における、当時の初等教育を取り巻く状況を明らかにすることで、福岡でなぜ自学主義教育実践が活況を呈したかのかその要因について分析する。

次に福岡県において自学主義教育実践を展開していた公立小学校である嘉穂郡穂波高等小学校の事例を取り上げ、同校においてどのような教育方針を持ち、具体的な教育方法、カリキュラムをもって教育活動にあたっていたのかを、児

童の主体性を育てることを志向しているかという文脈に則して分析する。
　第2章の構成は以下の通りである。

第1節　はじめに
第2節　福岡県嘉穂郡における人口増加と公民育成への要請
第3節　穂波小における自学主義教育
　3-1　穂波小における「自学観」
　3-2　穂波小の「自治訓練」
　3-3　穂波小の自学のための「教材選択・配列」観
　3-4　穂波小における自学のための「教授上の注意」
　3-5　穂波小における自学のための「環境整備」
　3-6　穂波小における自学実践のための教員相互の「共通理解」
第4節　穂波小訓導村山増吉の「機会均等主義学級輔導法」
　4-1　村山増吉の学級輔導方針
　4-2　村山増吉の「学級自治」に関する方策
　4-3　村山増吉の「自学輔導法」
第5節　おわりに

　「第3章　福岡県公立小学校における自学主義教育の実際（Ⅱ）―福岡県筑紫郡御笠北高等小学校の事例を中心に―」では、まず、前章で明らかにした福岡県嘉穂郡とは異なる農村地域において同時期に自学主義教育を展開していた御笠北高等小学校における教育実践を分析する。
　このことにより、福岡県における、当時の初等教育の実態を多面的に明らかにすることで、当時の自学主義教育の特徴について分析する。
　まず、御笠北高等小学校の自学主義教育に関わる教育実践の概要を、同校校長原田義蔵の著作[10]を分析することによって明らかにし、自学主義教育を構築している方法的特徴と内容面における特徴を明らかにする。
　特に、同校の自習指導に関わる方法的特徴の分析と、児童の自習と発表を重

視する「学業会」に向けての取り組みの分析を行い、このころの自学主義教育が、教科書の予習・復習に終わるものであったのか否かについて考察することにする。
　第3章の構成は以下の通りである。

第1節　はじめに
第2節　御笠北小における自習法習得のための教育内容論
第3節　御笠北小における自習法習得のための方策
第4節　御笠北小における児童観
第5節　御笠北小における自習法習得のための「学業会」
第6節　御笠北小における自習法習得のための「技能会」
第7節　おわりに

　「第4章　鹿児島県師範学校附属小学校における自習時間の特設―木下竹次・有永真人の自学主義教育実践を中心に―」では、明治末期における自学主義教育の一つの中心地であった鹿児島県師範学校附属小学校の実践を取り上げる。同校は、木下竹次が学習法の構想を形にし、実験を行った学校として知られる小学校であるが、その実態については、これまで明らかにされてこなかった。そこで、次のような手続きを経て、木下らの自学主義教育の実態を明らかにする。
　まず、鹿児島県師範学校附属小学校における「自習時間の特設」の概要を明らかにし、自習時間におけるカリキュラムの分析を試みる。このことで、この自習時間が、どのような目的を持って特設されたのかを明らかにしたい。
　次に、「自習時間」の中で、特に重視されていた「復習法」を分析することで、鹿児島県師範学校附属小学校の「自習時間」に、どのような児童の学習観を看取ることができるのか明らかにしたい。即ち、児童の主体性を尊重する自学主義教育が木下らにどのように受け止められ、鹿児島県師範学校附属小学校において実践化されていたのかを検討したい。

そして、最後に、木下竹次が、自学主義教育の実践の中で、何を学び、何を奈良にもたらしたのかを明らかにしたい。

第4章の構成は以下の通りである。

第1節　はじめに
第2節　鹿児島附小における自習時間の特設
第3節　鹿児島附小の復習法にみられる児童の学習観
　3-1　授業における「復習」の意味
　3-2　自習時間における復習法指導の実際と児童の学習観
第4節　おわりに

なお、最後の「結章　本研究の考察と残された課題」は本研究のまとめである。

第3節　先行研究の分類と検討ならびに主要な概念の定義

3-1　先行研究の分類と検討—本研究の位置づけ

　さて、本研究の課題にかかわる分野に関しては、これまでも研究が蓄積されてきている。

　個別的には本論でも言及するが、ここでは全体にかかわるものについて検討しておきたい。

　本研究では、明治末期において、自治・自学の教育・研究がどのように推進され、新教育運動へと接続していったのかを分析することを通して、近代日本初等教育の可能性と限界の臨界点に迫ろうとするものである。従って、まず、近代日本教育史の流れを俯瞰するために、自学主義教育のこれまでの位置づけについて先行研究から考察する必要がある。よって先行研究の領域としては、第一に近代日本教育史研究をその対象に指定しておく。

　また、本研究では、自学主義教育の意義について再評価を試みることを狙っており、そのために、第二の先行研究として、教育方法的な観点から自学主義教育を取り上げた研究を対象として指定しておくことにする。

　そして、本研究では、自学主義教育や日本における大正新教育運動の展開が、地方的文脈のもとで、展開された教育運動であり、その運動が全国的な運動へと高揚していく新教育運動の流れをとらえたいと考えており、そのために、第三の先行研究として、地方教育史研究・地域教育研究において、自学主義教育、もしくは、同時代の地方の教育実態をあらわす先行研究をその対象として指定しておくことにする。

　最後に、当然であるが、第四の先行研究として、自学主義教育そのものにかかわる先行研究を取り上げ、検討することにしたい。

　いま、それを、

表 0-1　自学主義教育にかかわる先行研究の分類

	研究領域	備　考
領域（1）	近代日本教育史研究	・大正新教育前史としての自学主義教育を扱った研究
領域（2）	近代日本教育方法史研究① ・近代日本学級経営史研究 ・近代日本学級制度史研究	・学級経営史、学級制度史から自学主義教育を扱った研究
領域（3）	近代日本教育方法史研究② ・発問論の研究	・教育方法史研究における発問論から、自学主義教育を取り扱った研究
領域（4）	近代日本地方教育史研究 近代日本地域教育史研究	・地方改良運動からみた自学・自治教育研究 ・福岡県教育史における自学主義教育研究
領域（5）	近代日本教育方法史研究③	・自学主義教育そのものを対象とした研究

(1) 近代日本教育史研究、特に大正新教育前史として自学主義教育を扱った研究
(2) 近代日本教育方法史研究、特に学級制度史、学級経営史研究において自学主義研究を扱った研究
(3) 近代日本教育方法史研究、特に発問論研究から自学主義教育を扱った研究
(4) 地方教育史研究・地域教育史研究において自学主義教育を扱った研究
(5) 自学主義教育そのものを扱った研究

　以上の五つの研究群に整理し、検討することにしたい。表 0-1 は、これらをまとめたものである。

(1) 近代日本教育史研究、特に大正新教育前史として自学主義教育を扱った研究
　明治末期の自学主義教育、そして大正新教育運動について、どのように教育史上に位置づけたらよいのかという問題に対しては、すでに、赤井米吉（1887-1974）が 1935（昭和 10）年に「教授法問題史」（『教育』岩波書店、1935 年 2 月）で論じているが、戦後における、自学主義教育を含む大正新教育運動に関する歴史的研究は、まず梅根悟（1903-1980）によって創始されたといってよいだろう。

戦後新教育運動における理論家であり、「川口プラン」を作成した実践家として知られる梅根悟は、「余話　日本の新教育運動」『改訂新教育への道』（誠文堂新光社、1951年）や「日本の新教育運動大正期新学校についての若干のノート」（『日本教育史』教育大学講座第3巻、金子書房、1951年）などを著し、大正新教育運動の意義を明らかにしようと試みた。

梅根は、谷本富の自学主義教育、新教育運動への影響力について強調し、この時代の実践家たちは、まず例外なく谷本の影響を受けていたと主張している。そして、自学主義教育が、日本の新教育運動、最初の出発点であったと評価した。

ただし、梅根は、明治末期において、自学主義の実践の意義を認めてはいるものの、具体的に誰がどのような実践を行っていたかについては提示し得ていない。

梅根の後をうけ、近代日本教育史研究に多大な成果を残した中野光[11]は、近代日本教育史研究、特に、教育史研究における大正新教育運動を揺るぎないものとした研究者として重要である。なお、中野は、「大正自由教育」というタームを用いているが、ここでは、「大正新教育」とほぼ同義であると解釈することとする。中野は、大正新教育について次のように述べる。

「巨視的には帝国主義発展段階におけるブルジョア民主主義的イデオロギーに支えられていた、という指摘が当を得ているとしても、そういう指摘のみを結論とするだけの研究では今日的意義はうすい。われわれが定めなくてはならない視点の一つは大正自由教育が教育方法の改革に果たした役割であり、そこにどのような遺産を確認できるか、ということである」[12]

として、微視的に児童の主体性を重んじた教育方法が教育空間に存在するのであれば、それが、どのような役割を果たし得たのかという点に関心をもっていた。この中野の指摘は、今もなお、重要な研究視角として筆者は受け止めなければならない。

それでは、これまでの大正新教育理論の形成において、谷本富や岡千賀衛の自学輔導はどのように評価され、教育方法史において位置づけられていたのだろうか。
　中野光は、及川平治（1875-1939）の動的教育法の意義を自学輔導との関連の中で位置づけ、谷本と岡の自学輔導理論および実践の意義について評価している。

「彼の動的教育法は（1）自学輔導論、（2）題材論、（3）学習動機論を基軸として組み立てられる。及川は個人が成果を作り出す方法を『自為力』として子どもが主体的に環境に適応し、さらにそれを『統御』していく過程をもっとも重視した。彼に依れば、教育の目的そのものも相対的であり、それは『児童が生活の価値を評定し、及びこれを制御するを輔導するに在り』と考える。この点では明らかに谷本や岡千賀衛の自学輔導主義の理論や実践を批判的に克服することをめざしていた」[13]（傍点―引用者）。

　中野は、及川の動的教育法の3つの基軸のうちの1つとして自学輔導論をあげ、その自学輔導論は「児童が生活の価値を評定し、及び之を統御するを輔導する」点で岡らの自学輔導主義を批判的に克服しようとするものだったと主張した。また、さらに中野は岡らの自学主義教育の限界について次のように述べている。

「谷本らの自学輔導主義は『教授を以て意志実行の主たる方便たらしめん』（岡千賀衛『自学輔導新教授法』）という言葉にあらわれているように、自学主義の訓育的側面を重視したにすぎなかった。その実践形態も子どもに予習と復習を課すことに重点が置かれ、基本的には画一的注入教授のわくを出るものではなかった」[14]（傍点―引用者）。

　このように中野は、岡の自学輔導論は、教授面における訓育的側面を重視し

たに過ぎず、予習・復習の域を出るものではなかったと論じている。しかし、中野は、及川が批判的に克服しようとした岡の自学主義教育の実際がどのようなものであったか、その内実は明らかにしていない。中野は、自学主義教育の大正新教育への影響を認めながらも、その限界を指摘した。しかし、何を論拠にしてその限界を指摘しているのかは明確ではない。自学主義教育実践に基づいた分析が行われていないのである。

　1960年代から1980年代にかけて教育方法史的な視角から、自学主義教育を論じようと試みた川合章もまた、中野と同様に、大正新教育に果たした明治末期の自学主義教育の一定の意義について認めている。

「大正期の自由教育は、ほぼ明治期の自学主義の深化、全面化をめざしたものといってよいであろう」[15]
「大正期自由教育の基本的性格をどのようにとらえるべきだろうか。まず指摘できるのは、明治期における自学主義の発展としての性格である」[16]

と及川平治や木下竹次の論稿を引用しながら、彼らの実践の源流は明治後期に展開された自学主義教育にあったことを論じている。
　しかし、川合は、新教育運動の源流としての自学主義教育そのものへの評価は厳しい。

「全国各地の附属小学校では、判でおしたように谷本の名において自学主義を採用している。附属小学校の主事の中には、例えば福岡師範附小の岡千賀衛のように、谷本の追随者としてでなく自学主義が附小のわくをこえて、公立学校にも浸透していった（福岡では岡の自学主義が福岡県を風靡したといわれている）ところもあらわれる。しかし、自学主義の実態は、たんに教材の予習・練習・復習の強調の域をほとんど出なかった。「児童をしてこの予習練習応用の三者をなさしめることを自習と称する」（高田師範附小）「吾人が重視せるものは、言ふ迄もなく、予習・練習・復習にして、事に復習応用等

の練習は、実に学習の重心、教授の生命と考へる所なり」(岡『自学輔導新教授法』)しかも、この自学主義は、ヘルバルト主義の対立物として、「主意主義の努力説」(長野附小)、「力行主義」(高田師範附小)とうけとられ、生活苦にあえぐ生徒・教師に対する思想的な手あての意味もはたしていったものとみられる。少なくとも、自学主義は、教師・教科書によって与えられる教材マスターの手段の域を出ることはなかった」[17](傍点—引用者)。

　川合は、自学主義教育は谷本の影響を受けた全国各地の師範学校附属小学校において展開されるようになったが、「自学主義の実態は、たんに教材の予習・練習・復習の強調の域をほとんど出なかった」「教材マスターの手段の域を出ることはなかった」と厳しい評価を下している。

　川合は、こうした自学主義を克服し、自学主義教育が新たな段階へと進む契機になったのは及川平治の自学により教える内容を問題とする実践であったしている。及川への評価は以下の通りである。

「及川は、明治教育体制の精神的支柱であった家族国家的国民道徳論の批判の上に、デューイに学んで、教育の内容(題材)と方法(教育法)の統一を主張して、『教育法の研究には題材の考察が最先に必要である』としている。教える中味を問題にしない自学主義を超えて、学習内容とその構成を個人の発展という自由主義の立場で考え直していこうという徹底したものであった。『近頃国民道徳論が盛んである…余は以て視れば、国民道徳論は単純な徳育論ではない。我が国の社会生活、経済状態の変動と関係づけて攻究すべきもので、言わば、教育全体の問題として考察せねばなるまいと思ふ。…それには各人共其の個性を発展させることが大切である。』及川のこのきわめて専門的な主張が、どこまで当時の教育界にうけいれられていったかは十分にはわかっていない。しかし、おそらく、その著書の売れ行きからみて、自学主義を予習復習程度にしか考えていなかった教育界に波紋を投じ、教育における自由の問題を再検討させるきっかけを作る上に何らかの役割をはたし

たものと考えられる」[18]（傍点—引用者）。

　川合の及川への評価は極めて高い。しかし、及川の『分団式動的教育法』（同文館、1915 年）の売れ行きがよかったからといって、及川の著書が自学主義を予習復習にしか考えていなかった教育界に波紋を投じたという位置づけは踏み込みすぎではないだろうか。まず、及川の主張が受け入れられた背景や、及川の教育実践の実態を吟味せず断ずるのはどうだろうか[19]。
　問題なのは、自学主義教育が展開された時期の実践が、児童の主体性をどのように捉え、そのためにどのような教育方法、教育内容の構成がなされていたかである。民主社会がどうであれ、カリキュラムがどうであれ、目の前の児童が理解できずに困っている状況を無視しては、教師は授業を進められない。いかに高邁な自由論を語ろうと、教材を自由に選択しようとも、児童が理解し、児童の力とならねば、積極的な意義は語れないはずである。したがって、児童の学習への意欲や理解をとらえた、授業構成、発問、教材、教育環境などがどうであったかを無視して、当時の自学主義教育が予習復習程度であったかどうかは語れない。いずれにしても、中野、川合共に、明治末期における、公立小学校の実践の検討は十分ではなく、自学主義教育が予習復習程度にしか考えていなかったとしているのは、実践の内容を吟味せずして断ずることはできない。
　このように大正新教育運動に対する、意義が認められている自学主義教育運動であるが、その内実について詳細に検討された研究はこれまでほとんどみられなかった。内実について検討をされないまま、その意義の可能性のみを認めているに過ぎなかったといってよい。

(2) 近代日本教育方法史研究、特に学級制度史、学級経営史研究において自学主義研究を扱った研究

　教育史研究において、中野や川合の見解がこれまで定説として、多くの教育書に引用され、語られてきている。その一方で、教育学の様々な領域の研究分野から、当時の教育実践を捉える研究視角があらわれ、明治末期、自学主義教

育に対する新たな視座を与えるようになってきている。この中の代表的な研究として、学級経営、生活指導の研究領域において歴史的にその実態を明らかにしようとした宮坂哲文（1918-1965）の研究と、学級を巡る制度史の研究領域から当時の学級の実態を明らかにしようとした佐藤秀夫（1934-2002）の研究が挙げられる。

現代の学級経営の課題の解決に対するアプローチとして、歴史的に学級教授をめぐる問題に切口を与えたのが、宮坂哲文[20]の研究である。

宮坂の研究は、決して新しいものではなく、むしろ、中野よりも早くからこの研究成果は明らかにされているが、教育史研究とは異なる文脈に位置づけられていたが故に、注目されなかったのであろう。ここでは、あえて、宮坂の研究を明治末期における自学主義教育や大正新教育研究に的確な指針を与えるものとして取り上げることにしたい。

全生研（全国生活指導研究協議会）の中心メンバーであった宮坂は、日本における学級集団づくりが、歴史的にどのように行われてきたかを整理し、学級経営の意義について整理した人物である。宮坂は、近代日本教育史において、学級実態を無視して教育実践を語ることができないとして、学級がどのような変遷を経て、現在のような「学級の形」に到達したのかを明らかにした[21]。

その中で、宮坂は、加納友市が「学級編制上における単式複式の区別と教授の形成上からの単式複式の区別とは、同一のものではないと論じ、複式編制学級においても単式教授法が行われうるし。単式編制の学級でも複式教授が行われうる」[22]と論じたことに着目し、及川平治の分団式教育法が彼の独創の産物ではないことを主張している。即ち、宮坂は、分団を組織し、複式的、自学的に学習をすすめていくことにかかわる知見は、及川以前にすでに存在していたことを指摘しているのである。

さらに宮坂は、「明治中期に学校訓練の側面で近代的多級学校への批判の拠点となった単級学校教育理論が、明治末期からは近代的多級単式編制学校における一斉教授万能の教授形態の改革の一要因となってはたらいたことは十分注目されてよいところであろう[23]」と論じ、明治中期における、自学・自働を旨

とする単級での教育方法が、明治末期の自学主義教育に影響を与えた可能性を指摘している。

　近年の近代日本教育制度史研究に大きな業績を残した佐藤秀夫[24]は、宮坂とほぼ同じ見解を述べている。佐藤は、自学主義教育について、当時の学級をめぐる実態から、複式的な指導が必要であった1900年頃の教育現場の状況を反映して、教員たちが工面した教育方法の創出であったということを指摘し、自学主義が単なる欧米から摂取したものでないことを主張している。この立場は、先述の宮坂研究の後を引き継ぐものと考えられる。

「1890年代から約20年間にわたって教授方法史上でいわゆるヘルバルト主義教授法の盛行期となるのだが、それはこの学級制の成立を背景にしたものだった。そればかりではない。最多数を占めた単級学校や複式学級において、一斉教授法に対する内部改革の契機となる『自学主義』が胚胎することになる。一人の教師が異なる教材を使い同一学級の異学年グループを教授するためには、ある組を指導中は他の組の子どもに『自習』を命ぜざるをえなかった。この『自習』を教員の目的顕示により、いかに静かに、でき得べくんば『自発的』『自主的』にやらせるかが、教員にとっての切実な関心事の一つとなった。そこにさまざまな自学法・自習指導法が考案され、それらが、やがて1910年代以降に『自学主義』へと体系化されることになるのであった。いわゆる大正新教育を創り出す基盤は、この単級学校や複式学級の普遍化という現実のうちに生まれてきたとみることができる。『個性尊重』は海の彼方から渉ってきた新理念のみによって唱えられたのではなく、やむを得ざる現実に取り組んだ数多くの無名の教員たちが編み出した方法原理であったという側面を無視してはならないだろう。かつての『商売往来』に代表されるすぐれた近世往来物教材、のちには後述する生活綴方などと並ぶ、日本の教員たちの考案した方法的知恵のひとつであった」[25]（傍点―引用者）。

この佐藤の自学主義教育への解釈は、赤井米吉や清水甚吾、齋藤諸平ら、当時、新教育実践家として知られた小学校教員の証言にもみられるものであり[26]、単級学校に代表される複式編成学級における教授法改善の中で、自学・自習法が発展してきたという見方は重要な研究視角である。
　しかし、佐藤もまた、「実践のレベル」での実践を分析しているわけではなく、その自習法がどのような方法原理に基づいて組織されたものなのかは明らかにしていない。
　また、その教育手法が、引用文中の「いかに静かにでき得べくんば『自発的』『自主的』にやらせるかが、教師にとっての切実な関心事の一つとなった」という言葉に表れているように、佐藤は静かに自発的に学習に取り組ませる為の手法としての自学・自習法に注目しているが、1890年代後半の活動主義の流行により、必ずしも、自学が沈思黙考的なものである必要はなく、むしろ児童の活動を重視し、自発性を発揮することは自学主義教育の核心の部分ではないかという解釈の方が一般的となる。その意味において、佐藤の自学主義の解釈は、明治末期、自学主義教育とほぼ同じ時期に展開された活動主義との関わりにおいて論じられていない。
　また、佐藤は、1900年代以降の児童の「自働」性の重視は、教育実践の蓄積により、教育的論理による教育方法改善が進んだ結果として採用されるようになったとして、次のように論じている。

「1870年代・80年代に大量教育として公教育を能率的に運用するために、軍における集団規制を直輸入的に導き入れた機械的ともいる『教場指令法』とは異なって、1900年代以降の学級における児童の行動規制は、機械的な整合性よりも児童の『自働』性が重視されたのであった。号令を要する際にも、教員側からの直接的指示をできるだけ減らして、『自治及共同ノ精神ヲ養ハンガ為メニ』教員が児童の中から選抜・任命する級長に委任することが慣例化されていった。これは一面において、命令・強制のみで児童の自発性を無視もしくは否定したのでは、教育自体の効率性が確保されえないという普遍

的な原則の反映であり、その限りでは一定の『教育的進歩』を示すものであったとはいえる。しかし他方、それが公教育に対する『軍隊的なるもの』の影響の希薄化を意味していたととらえるのは現象的変化に専ら拘束された皮相の見解というべきであろう。それは、学級性の成立・定着に示されるようなわが国公教育における集団規制が、児童の『自働』を容認し、そこに教育的な効果を期待しうる程度にまで、展開もしくは確立されてきた事実を意味していたのであって、この学級制の基本性格を前提としている以上は、そこでの『教育的進歩』とは、『軍隊的なるもの』に基盤をおきつつ、それを相対的に独自な教育の論理にそって改編しうるまでに、公教育の制度実践が蓄積されてきたことに他ならなかったのであるとみなければならない」[27]（傍点—引用者）。

　佐藤の解釈は、あくまでも学級における管理の目的が、教育の効率や効果を求めるものであるという前提に立ち、明治末期に至ってようやく教育の論理に基づいた方法論として、児童に自発性や自働を容認することができるようになるようになったということである。
　この指摘は、重要であると筆者は考える。つまり、児童の自発性を尊重していくことの意義について、気がついたという点が重要なのである。こうした認識をもって指導した教師がどこにいて、どのような具体的な取り組みをしていたかが筆者の関心事である。

　さて、この時代は、児童を一括した指導法で束ねて指導することが困難な状況であるが故に、自働・自発を容認する動きが見られたわけであるが、一括した指導が困難である状況、すなわち、この時代の変則的な学級の実態が、教育実践に大きな影響を与えていたとする立場から研究をすすめている人物として、志村広明[28]が挙げられる。
　志村は、明治以降における日本の義務教育段階における学校教育の歴史的展開のなかで、学級定員編制の歴史的な分析を試みている。

志村は、過大学級・二部教授学級の事例を検討しているが、特に1904（明治37）年頃から現場の小学校における二部教授を紹介する雑誌記事および二部教授関係の文献の出版が多く見られるようになったとしている。これは、1904（明治37）年に東京高等師範学校および東京女子師範学校に対する二部教授の攻究・実施を命じた文部大臣訓令、及び、同様の趣旨の普通学務局通牒が出されて以降の師範学校附属小学校における試みが報告されたものであり、志村もこれらの文献をもとに検討を加えている。

　志村の対象とする二部教授学級における教授方法は、自学自習法が採用されている。しかし、これらの自学自習法は、「こうした試みは教師の指導が行き届かないために行われる物であり、教師の援助のもとにおける児童の自治的な訓練とは異なるものと考えられる」[29]と志村が言うように、二部教授の研究を文部省がすすめようとしたのは、1908（明治41）年に義務教育年限の延長が実施されるのにともない、市町村教育費の増大および教員不足の問題があらわになることを見越した文部省が、二部教授を奨励しこの難局を切り抜けようとしたことによるものであった。つまり、過大学級において行われた二部教授もまた、教育的な論理から試みられたものではなかったのである。

　このように、志村の取り上げた明治末期における教育実践は、経済的論理による過大学級問題を解決するために、奨励された二部教授学級における自学自習教育であったが、教員の直接の指導のない状況下での自学指導であった。したがって、児童の主体性を十分に伸張することができたかについては、検討が十分であるとは言えない。また、志村自身、学級規模の適正な数や形にその直接の関心があるために、自学輔導によりどのような主体性を児童に指導していくのかという見通しを看取ることに研究の主眼をおいていない。ただし、例えば、二部教授の全面的な実施で、世にその存在をしられていた兵庫県の二部教授学校に、自学主義教育の代表的実践家であった岡千賀衛が視察へ赴いた事実[30]もあり、この二部教授が、どれだけ児童の主体性を育成することに重きを置いていたのか、そして、その成果は果たして上がっていたのかについて留意する必要はあるのではないかと考えている。

(3) 近代日本教育方法史研究、特に発問論研究から自学主義教育を扱った研究

　宮坂や佐藤、志村らの「学級」に足場を置いた研究とは違った研究視角から、教育方法的立場において論じた研究として豊田ひさきの研究[31]が挙げられる。

　豊田は、明治期に展開された教育方法を発問論に焦点をあてて、この時期の教育方法を見直そうと試みたものである。

　豊田の研究の特色は、学校教育における授業というものが如何なるものかをよく承知し、その上での研究を展開している点である。

　豊田は、「発問という小さな窓から、教授理論の世界と授業実践の世界を覗いてみた。その際、毎日なんとかして授業を成立させようと努力して続けている教師の眼に寄り添いながら、研究を展開することにつとめた」[32]というように、現場の教師が、目前の児童のことを第一に考え、毎日の授業を展開していたことを、発問論についての研究を展開することにより明らかにしている。

　この研究視角は、筆者は何よりも重要であると認識している。

　豊田は、「子どもの自発活動を正しく輔導することが即ち教育の働きである」[33]ととらえる。また、「子どもに活動させる、自学させるという形態が重要なのではない。形態を重視すれば教授活動を否定ないし後退させざるを得なくなる。重視すべきは外的形態ではなく。子どもたちの知的活動性、知的能動性だ。学習活動をいかにして知的能動活動として組織するかということだ」[34]とし、子どもに自問自答を呼び起こす教授とは何か、そのような発問とはいかなるものかという問題意識のもとで、明治末期の教師たちも、現代の児童の主体性を重んずる教育と同様な認識を持って教育を行っていたことを強調している。

　豊田は、さらに、明治末期に刊行された中沢忠太郎『教授法の批評に関する研究』（開発社、1907年）や、梯英雄、肥後盛熊『教授法の批評真髄』（目黒書店、1911年）を紐解きながら、

「現に中沢は、教師は『教科書を利用すべし、教科書の奴隷たるべからず』と
　記している。また、梯らも『地方的特殊の事情』と『其学級的特殊の事情』

から教科書を分析して『教授者は多少取捨選択して自己の理念に合するやうにせねばならぬ』と述べている。中沢にしろ、梯にしろ、教科書を金科玉条としない。教科書の吟味を授業研究の必須条件にしている。個々には、教師が実践主体になる糸口が明確に提起されている」[35]

と明治末期には、児童の主体性を重視するためには、教師が教科書を金科玉条としない立場があらわれたことを強調する。

　先述の川合が、及川平治が登場するまで、明治末期、自学主義教育が展開されていた小学校現場にあっても、教材を選択する自由はなく、単なる予習・復習で終わったとしていたのに対して、豊田は、教科書を金科玉条としない教師が存在していたことを明らかにし、自学主義教育運動の意義について一定の積極的評価を試みている。

　このように、帝国主義的イデオロギーが支配する中においても、教育実践者の中には、教育の論理に基づき、地方的、学級的な実態に応じた教材を選択することを是とした者も存在していたことを指摘する研究者もいる。本論文では、豊田の研究知見を踏まえ、明治末期、自学主義教育を実践する教師や児童らが、どの程度、教科書から自由になり主体性を発揮し得たのかについて、明らかにしていきたい。

(4) 地方教育史研究・地域教育史研究において自学主義教育を扱った研究

　本研究の問題関心の所在として、すでに述べたように、中央から地方へと新しい教育思潮や教育方法が伝播する背景として、そこに必ず、教員の共感的態度が形成されているはずであるということ、そして、中央で活躍する人物も地方で先進的な実践をしたことが認められ、活躍の場が与えられているという事実に目を向けなければならない。

　その意味で、地方で何が行われていたのか。その実践の枠組みはどのようにして形成されたものなのかを率直に見つめ直す必要があるのである。

　イデオロギーの問題が重要であった時代においては、いかに中央の国家統制

が、地方に広がっていったのか、なぜそれに抗することができなかったのかという問題が重要な研究視角となっていた。地方教育史研究の重点はまさにそこに置かれていた。

　海老原治善は、1960年代から70年代に活躍した、教育実践史、方法史研究者として知られるが、ここでは、地方における新教育を捉えた研究者として位置づけることとする。海老原は、「大正自由教育は、私立小学校や師範附属小学校を軸に起動したが、それはやがて都市下町や農村の公立小学校へ波及していった。その過程では、なによりもまず教師による一斉の画一授業をやめて、分団化した机の配置による学習として自由教育はうけとめられ展開されていった。『児童開放』、『個性尊重』の考え方は、なによりも自ら学ぶ、という学習態度の指導という形でひろがっていった。全国津々浦々といってよいほど多くの学校で熱心な教師たちの手によって、自学自習の教育方法の導入が試みられていった[36]」と、新教育は、中央の私立小学校や各府県の中心部にあった師範学校附属小学校を軸に起動し、やがて下町や農村の公立小学校に波及したとしている。また、海老原は、画一授業をやめて、分団した机の配置による学習として自由教育は受け止められたとしている。

　海老原は、豊富な史料をもとにして、特に大正期の特色的な自由教育実践を取り上げて分析を試みているが、この時代、地方公立小学校が、画一授業の克服のため、私立小学校や師範附属小学校で用いられた分団教法などが導入されたと考えるのは、やや叙述に丁寧さを欠くと思われる。地方の公立小学校は、明治末期において、複式編成学級や単級学校が多かった実態を踏まえるならば、すでに、分団により別の内容を学習させる複式教授法は一般的な教法であったと考えるべきであろう。つまり、分団による教育方法は、中央の私立小学校や師範附属小学校から発したものとするには、大いに疑問の残るところである。

　海老原の論述は、当時の学級の状況がどのようなものであったのか、そして、大正時代を迎える前にどのような教育実践が展開されていたのかという点で十分ではない。また、海老原の論理構成は「中央」対「地方」の構図で語られ、地方的文脈における教育要求と学校づくりという視点や、地域や教員の主体性

という視点での叙述になっていない。

　例えば、海老原は、「農村公立校は、地域生活の現実と切り離された自由教育は、実践が進めば進むほど不可能となっていった。地域の生産現実とのかかわりをぬきにした『個性尊重』『児童開放』は空虚なものであった」[37] としているが、もともと、この時期の小学校教育における自由教育の枠組みが、地域生活の現実とのかかわりをぬきにして、実践できるものであったのだろうか。

　1980年代後半から2000年代にかけての、近年の地方教育史研究によれば、中央の政策や制度が必ずしも、画一的に地方へ浸透していった訳ではないことが明らかにされてきている。すなわち、地方的実情に応じた浸透の仕方がそこにあったという主張である。

　花井信は、「典型的な仲新の書物を点検すれば、中央政府の政策が地方にどう浸透していったのかというアスペクトが強力であった」[38] と評するように、旧来の地方教育史研究の課題を明らかにした。そして、「プランはあくまでもプランであって、実情ではない」[39] として、中央の行政文書を主要な史料とする研究の限界を指摘した。花井は、地方の実情を明らかにすることで、教育史の全体像を構成する必要があることを強調している。

　地方教育史研究においては、1960年代末から70年代にかけて、丹念な地域の踏査に基づいた新資料の発掘とその教育的意義づけが行われた。そして、地域民の教育要求を拾い上げた論文群が提出されている。この時期に「地方教育史」に対する、「地域教育史」という、「中央」対「地方」という文脈とは異なるテーゼが提出されたのである。

　土方苑子もそうした研究者の一人である。土方は、中央の「象徴」としての東京にあっても、政府の政策の浸透の実態は実に「地方的」であったことを明らかにし[40]、中央という地域は、実は実在しないということを主張した。

　土方は、総ての国民が小学校に就学するという近代教育制度が、法令上の意思表明、特に、1900年改正「小学校令」により名実ともに完成し、国民国家成立の画期として主張されてきたとするこれまでの佐藤学らの先行研究[41]を批

判し、地方のさまざまな文脈の中で、教育は展開されていたのではないかという可能性を示唆している。

「日本の小学校が上から画一的に作られた」という先入観に対し警鐘を鳴らす土方の研究は、日本における教育方法史研究において、地域の教育実践を丹念に読みとることの重要性を指摘している。

土方らが主張するように、地方にこそ、地方的な事由により教育実践が形成されていたという立場から、海老原の提出した研究知見を乗り越え、新しい地平を望む研究をめざしたい。

さらに、もう一つ、同じく地方教育史研究の分野から、明治末期、自治・自学教育を推進するもう一つの動きがあったことを指摘する研究がある。これは、直接、自学主義教育について論じているわけではないが、本研究をすすめる上で、重要な示唆に富む研究であると考えられるので、先行研究として挙げておきたい。

笠間賢二は、明治末期において、内務省主導で行われた、地方改良運動により、小学校や小学校教師が地域社会の中において特別な位置に位置づけられるようになったことを丹念な実証的な史料分析によって明らかにしている。笠間の研究でも明らかにされたように、地方改良運動は、内務省官僚であった井上友一の尽力により、日露戦争後の疲弊した地方を民の手で主体的に立て直させるべく、地方の小学校が民育のセンターとなって、教育、啓蒙活動を担っていった。その文脈上で地方の小学校において、自学・自治を旨とした小学校教育が展開された可能性があるのである。すなわち、自学・自治教育に対する「後押し」が政策的に展開されていた可能性があるのである。笠間は言う。

「重要なことは、この運動が、町村振興に向けた町村民の『自治心』を喚起するために、内務省が中心となって推進した地方改良運動が、実際の教育実践の問題と、直接・間接にかかわらず密接にかかわり合い、その現実的組織化を促進していったということなのである」[42]。

本研究では、地方の公立小学校における実践にこそ、大正新教育のベースとなる教育方法的枠組みがすでに存在していたのではないかという仮説をもとにして、検討をこころみることにしたい。

なお、明治末期の福岡県における自学主義教育実践を扱った先行研究は、管見の限りほとんど見るべきものはない[43]。ただし、林正登の『炭坑の子ども・学校史』（葦書房、1983年）には、自学主義教育の実態、嘉穂郡飯塚尋常小学校の自学・自治の事例等を紹介している。

林は、

「郷土の人々の姿や活動は、国家主義の教育政策や国家膨張主義を要望する学会の論調のなかで、あるいは日清・日露の戦勝体験を通じて強く路線をはめこまれ、一等国日本の国民たるべき『男子ノ大気概』や『国風ノ士気』をめざしたものであった。このように国内の言論を封圧し、対外侵略を策する政府周辺の権力者の築き上げたこの軍国主義的国家体制が国民教育や師範教育の基軸を定め、このため筑豊の教師たちの教育理論や実践の方向はまさにそのような国家の海外膨張政策に迎合し、人間の尊厳や人権思想を放擲し、その自治教育が、「官治的」自治を前提としたように天皇制イデオロギーの注入（思想工作）を具体化するための方法的な二次的な理論の展開でしかなかった」[44]

と全くといってよいほど、福岡の自学・自治の教育、即ち自学主義教育実践を評価していなかった。

「本書の著述へ動機づけられたのは、炭坑産業興亡史の裏にかくれた子どもたちの実態に迫ることで、わが国の近代化や資本の論理によって労働力の搾取と廃棄の単なる対象とされてきたそれらヤマの人々のうめきや告発の叫びに抑えようのない興奮を覚えたためである」[45]と林が述べているように、資本家対労働者というイデオロギーの図式の中に、教師と子どもたちを埋め込もうとするものであった。すなわち、この時代の自学主義教育実践を読み解く眼はすで

第 3 節　先行研究の分類と検討ならびに主要な概念の定義　35

に用意されていたものだったのである。

　しかしながら、子どもを自学・自治的に学ばせる教育の枠組みが、たとえ限界があるにせよ、教師に対し、教材選択の自由を与え、子どもに対し、自修時間を与えて主体性を促し、自ら考えて学び、行動する機会を与えるものであれば、自覚的に自由とは何か、自ら学び、活動することとは如何なる意義を有するのかについて、教師や児童に考えさせる契機を与えるものとなるのではないだろうか。

　本研究では、林が評価しなかった福岡県の自学主義教育の実践を再発掘し、その教育学的な意味も含めて分析、検討することにしたい。

(5) 自学主義教育そのものを扱った研究

　自学主義教育に関する先行研究そのものを主題とした研究はほとんど存在しない。その中で概説的な論考として平松秋夫の論考がある。

　平松は、明治末期における自学主義教育と目される 14 の諸説を紹介している[46]。これらの諸説は、主に雑誌論文から、自学主義に類する主張がみられたものを平松が抽出したものである。一部、小学校の実践とは違う文脈で論じられているものもあるが、この 14 の諸説の主唱者は、ほとんど小学校現場経験者[47]であり、その意味において、1906（明治 39）年頃から、1911（明治 44）年頃まで、小学校現場における自学主義教育の提案が数多くなされていたのではないかと思われる。

　ただし、平松は、自学主義教育としてとらえる基準をどこにおき、なぜ、この 14 の諸説を選択したのかについては、明らかにしていない。また、それぞれの主張に対して概説的な解説にとどまっており、具体的にどのような枠組みで、どのような実践を行っていたのかは明らかにされておらず、自学主義教育の類型化にも至っていない。

①自学主義（1906 年）西山績
②自学輔導主義（1906-1909 年）谷本富、岡千賀衛

③自練自習主義（1907年）加藤末吉
④自習主義（1908年）樋口長市、立石仙六
⑤自治自修自動自修の習慣養成主義（1908年）島田民治
⑥自学自習自治自得自噴の習慣養成主義（1909年）吉村茂助
⑦批判主義（1909年）小杉清助
⑧発憤主義（1909年）吉成翁助
⑨自覚主義（1909年）田名部彦一
⑩為さしむる主義（1910年）兵庫県明石女子師範学校附属小学校
⑪力行主義（1910年）新潟県高田師範学校附属小学校
⑫自修法（1910年）長野県師範学校附属小学校
⑬自働自活主義（1910年）稲垣末松
⑭攻究主義（1911年）西山哲治
　　　（なお、西暦は「自学主義」を表明した論文の発表された年を示す。）

　この時期の自学主義教育について、具体的に掘り下げた研究は極めて少ないが、その数少ない研究の中に今野三郎の研究[48]がある。
　今野論文は、明治30年代の自学主義教育の成立・展開を、自学主義教育の代表的実践家とされる岡千賀衛がどのような自学主義教育を展開するに至ったかを明らかにすることで解明することを試みた論文である。
　論文の研究成果を整理すると、次の四つの点にまとめられる。

① 「修身教授上の欠陥」（『教育学術界』第10巻5号、1905年2月）において、岡の自学輔導論の兆しが認められること
② 「単独公共教育」（『教育学術界』第11巻1号、1905年4月）に岡の独自な具体案を提示しながらの主張がなされていること
③ 「自学輔導」を谷本富が主張して以来、「自学輔導」というタームを用いているが、谷本の教授論は、岡の教授論の理論に貢献できるほどの内実を備えていなかったこと

④ 岡の自学教育は「活動主義＝放任主義」という悪評を回避するために、その思想・理論を再生するためのヒントを「自学輔導」というタームに見出したということ

　今野は、「明治30年代後半から40年代前半に至る、初等教育界におけるヘルバルト主義教授法とは異質の新たな主張や実践を対象とした研究はこれまでほとんどない状況である」[49]「岡は教育史上の知名度は低く、従来の方法史関係著書論文で彼の教授論を詳細に検討したものはほとんどなく、無名に近い存在といえる」[50]と述べ、明治後期の自学主義教育の実態と、その代表的実践家である岡千賀衛に関する研究の意義を強調した。

　しかし、今野論文では、その検討の対象が『教育学術界』等の中央誌に限定されており、その意味で岡の自学論が十分に明らかにされたとは言い難い。

　また、今野は、梅根が岡への谷本の影響力を強調したことに疑問を呈し、岡の実践に影響を与えるほど、谷本の教授論は内実を備えたものでなかったとしているが、もしそうであれば、岡はどのようにして、自学主義教育を実践しようとしたのであろうか。

(6) 先行研究を踏まえての本研究の課題

　以上のように、先行研究は分厚く層をなしている。先に示した花井や土方らの先行研究にみられるように、教育現場における実践について分析を試みようとする取り組みや、地方的文脈に基づいた教育の実態に即した優れた研究成果が挙げられつつあり、これまでの成果が見直されつつある。それは、率直に、実態に基づいた実証的な研究が着実に積み上げられつつあるということを示している。

　しかしながら、先行研究をつぶさに検討してもなお、全体として次のような疑問と課題に突き当たらざるを得ない。

　第一は、明治期における自学主義教育の実践の概要やその具体が、あまりにも不明な点が多いという点である。自学主義教育の重要性が近年、多くの論者

から指摘されているのにもかかわらず、である。

　第二は、なぜ、自学主義教育運動が、全国の様々な地域で展開されるようになったのかという点である。

　第三は、自学主義教育実践そのものの実践がどのような教育方法原理を有したものであったのかこれまで十分に解明されていないという点である。

　これまで、師範学校附属小学校や新しく設立された私立小学校から、新しい教育方法、教授法が発信され、他校これに倣うといった方向で、新教育実践は広がりをみせたと考えられていた。特にその代表格として、及川平治の明石女子師範学校附属小学校や沢柳政太郎の成城小学校などが挙げられるが、いずれも大正期に入ってから注目された学校ばかりなのである。その意味において、明治末期、注目された新教育学校にはどのようなものがあったのか、本研究において、新しく注目すべき学校が発掘され、それが、師範学校附属小学校や私立小学校でなく、公立小学校であるのなら、わが国における新教育運動展開の図式がこれまでの通説とは異ったものとなる可能性がある。

　いずれにしても本研究は、これまで、大正新教育実践が、地域的文脈との関わりや学級実態との関わりで論じられることが少なかったことを受けて、地方の教育実践が、新教育運動とどのように関わっていくことになるのかについて分析することを課題とする。

　教育の実態は公的な記録として残りにくいものである。しかし、明治末期以降、盛んに刊行された、教育雑誌、教育会会報等に記載された教師の実践報告をもとにして、その時代の教育の実態にせまりたい。

　本研究は、こうした先行研究の成果を踏まえながら、この時代の教育実践を分析することで、複層的に構成されるようになった明治末期における自学主義教育の構成原理を抽出しようとするものである。

3-2　主要な概念の定義

　ここで、本研究において使用する主要な概念である、「自学主義教育」、「自

学主義」、「自学輔導」、「自習」と「自修」、「自動」と「自働」、については、次のような定義で使用することにする。

「自学主義教育」とは、「1900年代の初期に日本の民間教育運動がつくりだした学習形態論の一つ」[51]であり、「活動的人間像を目標とし、授業方法上子どもの自己学習の大切なることを説くもの」[52]とされている。また、自学主義教育は、1900年代に入る頃から、谷本富により唱導され、「明治末の新学校の台頭期に公立小学校現場に少なからぬ影響を及ぼしていった同時代の新方法である」[53]といわれている。近年の教育関係辞典において、「自学主義教育」を見出し語としているものは、この『民間教育史研究事典』（評論社、1975年）のみである。

「自学主義」とは、「児童を主導的の位置に立たしめ、其自発性に訴へ、其発達段階に応じ、自己の力に依り、自ら進んで学ばしめ、遂には他の助力を借らず、自律的、獨創的に学ばしむるやうに導いて行く教育の過程に立つもの」[54]という中島半次郎の解釈を本稿では採用することとする。「自学主義」という用語そのものは、特に、1921（大正10）年8月に、東京高等師範学校講堂で行われたいわゆる「八大教育主張講演会」で、東京高等師範学校教授の樋口長市の演題に用いられて一般に知られるようになった言葉である。大正新教育期には、自由主義教育、自発主義教育など、自学主義によく似た概念語があらわれるようになるが、ここでは、樋口長市、谷本富らが関わった自学奨励会の編纂による『自学主義の教育』に掲載されている定義を採用することとしたい。この中島の定義は、大正新教育期に出現した様々な「自学主義」を包括する広い概念を示した定義である。そこで本研究において採用することとした。

「自学輔導」とは、「生徒自身の能力を以て学習せしめ、それに必要なる輔導を與えて、教育するをいう。即ち知識、技能の注入主義及び放任主義の教育に反抗し、児童の稟賦を居所とし、進取的自学と教授的輔導とに依り、教育の完成を期すること[55]」であり、谷本富が、1900年代、明治末期に盛んに唱導した、新教育の方法原理をあらわす言葉である。

自学主義教育を行う上で重要なのは輔導することであるということを示した

言葉として用い、ここでは、輔導をすることにより自学する力を習得させることとして定義する。

また、自学主義教育に関わるキーワードとして、明治末期に頻繁に登場する言葉として「自習」、「自修」などの言葉がある。「自修」については、教授的側面よりも、訓育的側面の方によった言葉として用いられたようである。ただし、本研究では、「自習」と「自修」は、ほぼ同義で用いられたものとみなす。また、複式教授法や単級教授法において、「自動」と「自働」というキーワードが登場する。これらは、児童が「自ら動く」、「自ら働く」という意義で用いられる。いずれにしても、本研究では、児童の主体的な活動を表現する言葉として、ほぼ同じ文脈で用いられる言葉として捉えることにする。

註
─────────────

1 中野光は、「大正自由教育の具体的な支持基盤は第１次世界大戦前後にいたってようやく一定の社会階層を形成するにいたった小市民的中間層であった、ということである。自由教育は主として各県の附属小学校ならびに私立学校において学校規定で実践された他は、自由教育の思想的洗礼を受けた教師個人によって学級王国的に実践されるばあいが多かった。そこに運動のための組織ができなかったこと、さらには運動を支持する組織もなりたたなかったことは、それが労働者、農民を中心とする広汎な勤労階級の教育には浸透しなかったことを物語るものである」としている。(中野光『大正自由教育の研究』黎明書房、1968年、269頁。)

2 樋口長市は、「自学の実際を概観するに、全国に四つ程の中心があるように思ふ。九州に於ける最初の中心は福岡県で、其種子は文学博士谷本富氏が巻いたもの様に思ふ。谷本博士は、明治三九年十一月に新教育講義と題する書を公にせられて居る。次で、福岡県に於ける夏季講習会に於いても将来の教授は自学輔導でなければならぬ。其実際案の如きは実地教育家の研究に一任すといふように説かれ、それが動機となって同県下には、一時に自学の風潮が高まった。岡千賀衛氏も同博士の指導を仰がれた様に其著の序に述べている」としている。また同著には、以下全国の３つの自学主義教育の中心地を挙げている。福岡に次いで、鹿児島県女子師範学校（木下竹次校長）、中国における中心として兵庫県明石女子師範学校附属小学校（及川平治主事）、関東における中心として、日本女子大学附属豊明小学校（河野清丸主事）を挙げている。このように、樋口は、福岡については、具体的な学校等を挙げていない。(樋口長市『自学主義の教育法』金港堂、1922年、3-4頁。)

また、谷本富は、「同三九年の劈頭に初めて新教育を講じた時に之を主張したので未幾ならず『新教育講義』の表題を附して其の速記録を出版したところ一瞬の間に無慮七、八千部賣れて東西南北に行渡ったらしく自惚れながら此処に吾教育思想の沿革史上に後々一時期を劃した様である。それを福岡県の師範学校で岡千賀衛氏などが実施に盡力し闔県之に随ふと云ふ風で、やがて同氏は抜擢せられて東京高等師範学校附属小学校に任用せられた程であり、…（中略―引用者）」とし、谷本の自学の唱導後、福岡県師範学校の岡千賀衛が実践したこと述べている。また、他にも、兵庫の及川平治、東京の樋口長市が自学主義教育を自学主義教育の推進者として挙げている。（谷本富「自学の倡道者として」自学奨励会編纂『自学主義の教育』隆文館、1919年、5-6頁。）

3　日本教育学術協会編『現代教育辞典』（不朽社書店、1934年、652頁）によれば、二部教授を次のように定義している。

「二学級を一人の教師にて担当する制度。或いはこれを前後の二部に分かち、半日づつ教授するか、或いは児童を全部登校せしめて隔時に教授するをいう。（筆者中略）要するに二部教授は、（イ）一学級毎に本科正教員一人を置く能わざる場合、（ロ）児童を同時に容るるに足るべき校舎の設備なき場合、（ハ）児童の就学上又は、教授上特別の必要ある場合に限り、府県知事の認可を得てこれを行い得るのである。」

4　明治期における複式学級における教授法の変遷については、門脇正俊の「『複式教育』用語の歴史的系譜についての一考察（付）『合級・単級・複式教育関係文献目録』」（北海道教育大学紀要、第1部C、第41号、第1号）に詳しい。

5　岡本智周『国民史の変貌―日米教科書とグローバル時代のナショナリズム』日本評論社、2001年。4頁。

6　同上、4頁。

7　史料散逸の状況は、近藤典二『教師の誕生―草創期の福岡県教育史―』海鳥社、1995年、14-15頁に詳しい。

8　木下の鹿児島時代とは、ここでは、鹿児島県師範学校教諭・教頭時代（1904～1910年）、鹿児島県女子師範学校校長時代（1910～1917年）をさす。

9　「明治40年、木下は教頭として師範学校生徒の実力の育成と、教師としての人格の陶冶に尽力した。初等教育に対しては学習法を唱導し、自学自習を奨励し、教うるにあらずして自ら学ばしめねばならぬことを主張した。小原国芳や河野伊三郎などは、その時の生徒である。明治42年（1909）鹿児島県女子師範学校および県立第二高等女学校の創立事務取扱を命ぜられ、翌明治43年、鹿児島女子師範学校長となり、同年第二高等女学校長も兼任した。木下はこれまでに蘊蓄した学習法を着々実地に検証し始めた。彼自身が『学習原論』の自序で述べている如く、後にわが国の初等教育界を風靡した学習法はこの時代に培われた。」（中森善治「木下教育学」木下亀城・小原國芳編『新教育の探求者木下竹次』玉川大学出版部、58-59頁。）

10　原田義蔵『事実に基づく学校教育』弘道館、1911年。

11　中野光『大正自由教育の研究』黎明書房、1968年。

12 同上、18頁。
13 中野光、前掲書、121頁。
14 同上、121頁。
15 川合章『近代日本教育方法史』青木書店、1985年、241頁。
16 川合、前掲書、242頁。
17 川合章「大正新教育の展開」井野川潔編『日本教育運動史 第1巻 明治・大正期の教育運動』三一書房、1960年、86-87頁。
18 川合章「大正新教育の展開」井野川潔編『日本教育運動史 第1巻 明治・大正期の教育運動』三一書房、1960年、88頁。
19 最近の及川平治に対する評価は、近年の研究成果により変わりつつある。橋本美保は、及川の主著『分団式動的教育法』が、アメリカの書物の飜訳であることを実証している。橋本美保「及川平治『分団式動的教育法』の系譜」(『教育学研究』第72巻第2号、2005年、所収。)
20 宮坂哲文「日本における学級経営の歴史」『宮坂哲文著作集Ⅲ』明治図書、1968年。
21 学級形態が、教授法に及ぼしたとする明治期の単級教授法研究として、平松秋夫「単級学校に関する一考察」(『東京学芸大学紀要』第1部門第26集、1975年、133-144頁)、麻生千만「単級学校教授法の形成過程における第1次小学校令期の位置づけ」(『弘前学院大学研究紀要』第16号、1980年、135-147頁)、同「第2次小学校令期における単級教授論の紹介導入と展開」(『弘前学院大学紀要』第17号、1981年、95-113頁)、同「明治期教授法用語としての『単級』をめぐる諸問題—『単級・多級』教授法から『複式・単式』教授法へ」(『弘前学院大学研究紀要』第18号、1982年、41-51頁)、久田敏彦「近代教授方法史における学級教授の系譜(第1報)」(『大阪教育大学紀要』第Ⅳ部門第32巻、第2・3号、1984年、153-167頁)、同「近代教授方法史における学級教授の系譜(第2報)」(『大阪教育大学紀要』第Ⅳ部門第36巻、第2号、1987年、109-120頁)、生野金三「加納友市の複式教授論の研究(Ⅰ)」(『西南学院大学児童教育学論集』第18巻第1号、1991年、1-29頁)、同「加納友市の複式教授論の研究(Ⅱ)」(『西南学院大学児童教育学論集』第19巻第2号、1993年、45-66頁)などがある。
22 同上、261頁。
23 同上、262頁。
24 佐藤秀夫『教育の文化史2 学校の文化』阿吽社、2005年。
25 佐藤、前掲書、5-6頁。
26 赤井米吉『愛と理性の教育』(平凡社、1964年)、同著「教授法問題史」(『教育』岩波書店、1935年2月)、清水甚吾「附属訓導二十年」永田與三郎編『大正初等教育史に残る人々』(東洋図書、1926年)、齋藤諸平『学習輔導の実際と原理』(廣文堂、1926年)を参照。
27 佐藤、前掲書、52頁。
28 志村広明『日本の近代学校における学級定員・編制問題—過大学級、二部教授問題を中心として—』大空社、1998年。

第 3 節　先行研究の分類と検討ならびに主要な概念の定義　　43

29　同上、156-157 頁。
30　岡千賀衞「兵庫県の二部教授」(『教育研究』第 109-111 号、1913 年) に岡の二部教授学校参観の記録がある。
31　豊田久亀『明治期発問論の研究』ミネルヴァ書房、1988 年。
32　豊田久亀『明治期発問論の研究』ミネルヴァ書房、1988 年。
33　同上、215 頁。
34　同上、215 頁。
35　同上、257 頁。
36　海老原治善『現代日本教育実践史』明治図書、1975 年、202 頁。
37　海老原、前掲書、228 頁。
38　花井信・三上和夫編『学校と学区の地域教育史』川島書店、2005 年、203 頁。
39　同上、204 頁。
40　土方苑子『東京の近代小学校』東京大学出版会、2002 年。
41　土方苑子『東京の近代小学校』東京大学出版会、2002 年、1-4 頁。
　　土方は、佐藤学「『個性化』幻想の成立—国民国家の教育言説—」森田尚人他編『教育学年報 4　個性という幻想』世織書房、1997 年、29 頁や佐藤秀夫「初等教育制度の整備」国立教育研究所編集・発行『日本近代教育百年史』第 4 巻、第 5 編第 1 章第 1 節、1974 年、873 頁) そして、久木幸男「二〇世紀前夜の教育状況」(久木編『二〇世紀日本の教育』サンマイル出版、1975 年、6 頁) らの 1900 年「小学校令」理解に対する先行研究批判を試みた。
42　笠間賢二『地方改良運動期における小学校と地域社会』日本図書センター、2003 年、9 頁。
43　福岡県教育委員会編『福岡県教育史』(福岡県教育委員会、1957 年)、福岡県教育百年史編纂委員会、福岡県教育委員会編『福岡県教育百年史』(福岡県教育委員会、1980 年) には、穂波高等小学校の自学主義教育について、若干、自学主義教育にかかわる記述が見られるが、詳細については、明らかにされていない。
44　林正登『炭坑の子ども・学校史』葦書房、1983 年、172-173 頁。
45　同上、3 頁。
46　平松秋夫「明治中期後期における教授法研究の発達」伊瀬仙太郎編『わが国の義務教育における教育方法の歴史的研究』風間書店、1972 年、76-84 頁。
47　谷本富、樋口長市、西山績以外は、初等教育現場の教員である。
48　今野三郎「明治後期教授論の動向 (1)」(日本大学教育学会紀要『教育学雑誌』第 33 号、1999 年、1-19 頁) は、明治 30 年代の自学主義教育の成立展開の解明を試みた論考である。
49　同上、1 頁。
50　同上、1 頁。
51　野原由利子・中内敏夫「自学主義教育」太田堯・中内敏夫・民間教育史料研究会編『民間教育史研究事典』評論社、1975 年、55 頁。
52　同上、55 頁。

53 野原・中内、前掲書、56 頁。
54 中島半次郎「教育史上に於ける自学主義」自学奨励会編纂『自学主義の教育』隆文館、1919 年、97 頁。
   なお、吉田熊次は、自学という言葉に該当する英語の訳語は存在せず、敢えていうならば、syudy の語が該当すること、そして learning の語はむしろ自学という語義とは反対の語義をなすことを指摘している。（吉田熊次「自学自習論」自学奨励会編纂『自学主義の教育』隆文館、1919 年、21-23 頁。）
55 入澤宗寿編『教育辞典』教育研究会 1932 年、550 頁。

第 1 章

岡千賀衛の自学主義教育論
―明治末期、福岡時代を中心に―

第1章　岡千賀衛の自学主義教育論
　　　　―明治末期、福岡時代を中心に―

第1節　はじめに

　本章の目的は、明治末期における自学主義教育の先駆的実践家で、その実践が、後の大正新教育運動に大きな影響を与えたとされる東京高等師範学校附属小学校（以下、東京高師附小と略記する）訓導　岡千賀衛（1880-1918）の福岡時代に展開した自学教育論の内容を中心に、大正新教育の前史となった、自学主義教育運動の意味について明らかにすることである。ここでいう岡の福岡時代とは、彼が新任教師として福岡県山門郡富原高等小学校[1]（以下、富原小と略記する）へ赴任した1901（明治34）年4月から、東京高師附小へ転任する1908（明治41）年9月までを示す。

　本章で取り上げる岡千賀衛は、谷本富の影響を強く受け、自学主義教育の実践を行った先駆者とされてきた。本章では、『福岡県教育会会報』など、福岡時代に岡が発表した論文を研究対象として加えながら、岡の自学主義論を明らかにし、その意義について検討したい。

第2節　岡千賀衛の経歴

　ここでは、まず自学研究の先駆者といわれた岡千賀衛の福岡時代の教育実践研究について検討することにする。まず、岡の発表している雑誌論文に記されている所属名等をもとにして、岡の職歴と各校における実働勤務年数を表1-1のようにまとめてみた。

　表1-1からも分かるように、岡の実働年数は僅か15年間であり、1918（大正7）年1月16日に早逝している。

表 1-1　岡千賀衛の職歴と各校における実働勤務年数

○福岡県山門郡富原高等小学校（5 年）
　1901（明治 34）年 4 月～1906（明治 39）年 3 月
○福岡県師範学校附属小学校（2 年 6 ヶ月）
　1906（明治 39）年 4 月～1908（明治 41）年 9 月
○東京高等師範学校附属小学校（8 年）
　1908（明治 41）年 10 月～1916（大正 5）年 9 月

　これまで残されている岡の経歴について、最も詳しく記録しているのは、初等教育研究会編『教育研究』（第 175 号、1918 年 2 月）に掲載されている「岡千賀衛君を憶ふ」であろう。これは、岡千賀衛の追悼特集として掲載されたものである。

　「岡千賀衛君は、福岡県山門郡山川村の人である。明治一三年一二月其の郷里に生まれ、長じて福岡県師範学校に入った。明敏なる頭脳と超越せる其の手腕は既に同輩に抜きんでて、斬然頭角を現し、常に職員及び生徒の嘱目するところとなった。果たせるかな、明治三四年三月業を卒経て、一度地方へ奉職するや、忽ち母校に招聘されて、その附属小学校に教鞭を執り、以て一面母校の為に尽くすと共に他面、大いに、県教育の為に教育の刷新を呼号した。当時はヘルバルト教神全盛時代であって、何人も之を推奨して措かざる時であるのに、君の燗眼は早くもその弊を看破し、従来の教育の形式的、器械的であることを非難し、盛んに自学自習硬教育の必要を称えた。当時学舎の仲間に於ては、一、二ヘルバルト教育の弊を述べ、新教育の必要を称えたものがないわけではないが、而も之を実際に研究建設的方面を述べた実際家は蓋し君を措いて多くを知ることはできまい。かくて明治三九年一挙して、中等教員教育科免許状を得、同四一年九月、東京高等師範学校に来任した。当校にあっては、算術教授とともに自学の方面を研究し、二部教授の担任であった。来任以来、算術教授の刷新を企て、自学の必要を称え、其の実際を研究したことについては読者の既に知悉する所又多くを懇説するの必要はあ

るまい」[2]。

　岡の名が教育界に知られるようになったのはいつ頃からなのであろうか。今野三郎の先行研究[3]によれば、岡の中央紙へのデビュー作は、1903（明治36）年9月『教育学術界』に投稿した懸賞論文「美感養成の範囲及びその方法」であり、この論文には岡の自学主義教育論が表明されているとはみとめられないとしている[4]。しかし、詳細は後に述べるが、同年5月『福岡県教育会会報』第47号に掲載された「意思修養特に自信力養成に対する卑見」には、岡の自学主義教育論の萌芽が見られる。また、今野は、岡がこの論文は発表した時の所属は、福岡県師範学校附属小学校（以下、福岡附小と略記する）であったとしているが、実際はその様に判断出来ない。その理由として次の二点を挙げることができる。

① この懸賞論文における岡の肩書きは、「福岡県・岡千賀衛」であり、彼の所属学校が明確に示されておらず、この論文からでは判断できない。
② 1903（明治36）年5月から『福岡県教育会会報』に3回にわたって連載した「意志修養特に自信力育成に対する卑見」における所属が「山門郡富原高等小学校」であり、1905（明治38）年9月に『福岡県教育会会報』に岡が発表した「活動的教育主義」にも「山門郡富原高等小学校訓導」と記されている。

　以上の点から、この論文を発表した時点では、岡の出身地である山門郡の富原小訓導であったことがわかる。
　岡千賀衛が福岡附小へ転任するのは、1906（明治39）年4月であり、1908（明治41）年9月には東京高師附小へ転任している。岡は1905（明治38）年度まで山門郡富原小訓導として在籍し、この頃から意欲的に自学主義に基づく教育を実践し始めている。
　岡は、福岡附小在籍中の1908（明治41）年1月に自学輔導に関する研究の

1回目の報告を行い、2回目の報告を同年9月に試みている。岡が福岡附小で本格的に実践研究を展開したのは、1906（明治39）年4月から1908（明治41）年9月までの僅か2年6ヶ月である。

　これまでの岡千賀衛に関わる先行研究[5]では、谷本富の指導により岡は自学輔導研究を行ったとされているが、実際に初めて谷本が岡の研究発表に接したのは、福岡県師範学校で行われた1908（明治41）年1月の教育研究会以降であり、同年9月には岡が東京高師校附小へ転任していることを考えると、岡の実践に実質的に谷本の指導が関与しているとは考えにくい[6]。

　岡千賀衛の福岡時代の実践は7年6ヶ月である。このうち、福岡附小には、2年6ヶ月、後の5年間は、公立小学校である富原小であった。

　もし、公立小学校である富原高等小学校において、すでに岡が自学主義教育実践を展開したとするならば、大正新教育につながる自学主義教育が、かなり早い時期に福岡県の一般の公立小学校で展開されていたことになる。

　これは、これまで、新教育は地方初等教育の教育研究のセンターであった師範学校附属小学校から始まり、地方の公立校へ伝播していったという従来の新教育の進展の図式とは異なり、地方の公立校にすでに新教育の端緒が存在し、相互に情報を交換し合っていたという新しい、新教育伝播の図式の可能性を示すものである。

　次節では、岡が自学主義教育を構想し、実践研究を行った福岡時代の論稿を富原小時代と、福岡附小時代、東京高師附小時代に分け、岡の自学主義教育論がどのように構築されていったのかを分析しながら、自学主義教育の実態と、自学主義教育の大正新教育への接続の問題について考察していきたい。

第3節　山門郡富原高等小学校における岡千賀衛の自学主義教育論

　『福岡県教育会会報』に岡千賀衛の論文が初めて掲載されたのは、1903（明治36）年に発表された「意志修養特に自信力養成に対する卑見」（『福岡県教育会会報』第47-49号、1903年5月-7月）である。

　前述のように、岡が福岡県師範学校を卒業し、福岡県山門郡富原小訓導として赴任したのが1901（明治34）年4月であるから、岡が教員生活2年目を終えた直後に発表した論文である。

　この論文において、岡は社会・国家における教育の目的について論じている。この頃の岡の論文には、すでに、彼の自学主義教育論の萌芽が見られる。

「現在及び将来に於て、且つ又自己の国家内に於て、如何なる人物が必要であるか。つまり、如何なる教育方針が其の国民性、時代性に適合するやは、教育者が第一として解決すべき重要な問題であり、総ての教育事業と云うものは、一般社会に必要であるところの個々の分子を作るといふこと、言い換へれば個人は自己の属する社会国家の繁栄を図るために発達を要し、社会は自己の繁栄発達に対して個人の発達に価値をおくことである」[7]。

　どのようにしたら、社会・国家に資する人材を輩出する仕組みをつくることができるのかについては、当時の教員たちにとって、重要な課題であった。

　当時の、絶対的な権力が、個人に社会・国家に忠誠を誓わせる一方向的な方法ではなく、社会と個人を結びつけ、個人の発達と社会の発達を強化する学校教育の構造を岡は積極的に位置づけようとした。すなわち、個が社会にどのように役割を果たし、社会がどのように個に役割を果たすのかを経験させる実験場としての機能を学校に求めていたのである。岡は、個がどのように他と関わり、社会に寄与するのか、他すなわち社会がどのように個に関わるのかという点に大いなる関心を寄せていた。この考え方が、初期の岡の自学論の基礎となっ

ていた。
　さらに岡は、同論文において、教育の目的の達成に向け、自学主義教育の方法原理となる考え方を次のように述べている。

「児童を適当に発達させ、独立ある品性を作り、意志の自然的勢力を誘発して自己の力を自覚せしめ、自己の住する社会国家には喜んで犠牲となり、自ら燧を鑚って、人生をして火花を散らしむる所のもの、これを蓋し目下教育の方針として一般の認むる所である」[8]。

　この引用文には、教育により児童を適当に発達させることにより、独立した品性を作りながら、人がもともと持っている「意志の自然的勢力」を誘発する学習活動を展開し、自身の力に自信を持たせたり、自分の持つ力に自覚を持たせ、さらに自己の力を伸張するために努力させたりすることで、その力を社会・国家のために貢献しようとする態度を養うことが示されている。
　岡は、元来人が持ち合わせている意志の自然的勢力を誘発し、自己の力を自覚させるために、児童にどのような自学、自治に取り組ませればよいのかということに関心を寄せていた。岡にとって、意志の自然的勢力の誘発が自学輔導なのである。
　岡は、こうした社会的理想、つまり、社会・国家の発展と個人の発達を両立させる社会的理想を実現するためには、以下の引用文のように、学校教育が、児童への単なる知識の授与のみに甘んじるのではなく、「精神上の意力鍛錬」と「自身独行の活気養成」が必要であるとしている。

「此故に吾人は、単に知識の授与に以て甘んじてはならぬ。合理的観念を形成したるを以て安することは出来ない。成功の奥義は寧ろ、其の合理的思想、いわゆる社会的理想を実現するために、十分に且つ完全なる精神上の意力鍛錬にある。機に望んでは晴天の霹靂をも敢えてするそこの自身独行の活気養成にあるのであろう」[9]。

社会的理想を実現するためには、また、意志修養が個人として必要であるということに止まらず、適者生存、自由競争の大修羅場である20世紀においては、意志弱行の徒で固めた社会・国家は忽ち優勢なる国体に後れをとるということを、ドモランの著作を引き合いに出して述べている[10]。

「読者よ、注視せよ、年余にして数十版を重ねたりと云う仏人ドモランの警書を。聞かずやアングロサクソン人が世界に雄飛するは、全く彼等が独立自営てふ活力にあることを」[11]。

　このように、岡は1903（明治36）年に発表された「意志修養特に自信力養成に対する卑見」（『福岡県教育界会報』第47号、1903年5月）において、ドモランの著書を引用している。おそらく、前年に翻訳出版された、ドモラン著・慶應義塾訳『獨立自営大国民』（金港堂、1902年）を岡は読んでいたと考えられる。

　これまで、自学輔導論や新教育思想は、谷本富が渡仏中にドモランの著書と出会い、1905年12月に京都での教育講習会で谷本がこれを紹介したことに始まるといわれてきた。

　しかし、岡は、谷本と出会う前の1903（明治36）年の段階で、すでにドモランの影響を受けており、岡は谷本の講演や著作によって自学の発想を得たというよりも、直接、ドモランの著書の訳本を読み、少なからぬ影響を受けていた。岡がドモランの影響をこの段階で受けていたという事実は、『独立自営大国民』を刊行した慶應義塾の大正新教育への影響が大であったことを示している[12]。谷本の自学の唱導以前に、自学主義が受け入れられる素地が、すでに地方において存在していたのである。

　また、岡は1905（明治38）年2月、『教育学術界』に「修身科教授の欠陥」という論文[13]を発表している。ここで岡は、「淡泊に、無欲に、功名の念なき」者であり、積極的人物を陶冶せず」であったと、これまでの「日本の道徳の理想」を批判している。

岡は、こうした日本の古来の道徳が、「今尚教育者の脳裏に浸染」し、「彼の独立自営、自ら起って自己を向上せんとする進取生々の気性を発揮するを得ざる」状況をつくりだしていることを指摘し、「情に激することはあるも、進んで発動することあたはざる、薄志弱行の消極的人物たるに止まれり」としている。そして、ここでも「その内的主因は、要するに自信力の欠乏に在り」と述べているのである[14]。

　この論文において、岡は、これまでの修身科教授を痛烈に批判し、この問題は学校教育において、児童の自信力の欠乏にあることを主張している。意志の力を誘発し、自らの力の自覚を促すことにより、修身科教授を改善できるのではないかと主張している。岡は、意志の自然的勢力の誘発により自己の力の自覚を促し、個人の力が社会、国家の力として機能しうることを自覚させるようとしていた。そのための手段として岡は自学主義教育を採用しようとしたのである。この考え方は、岡の富原小学校時代の論文に一貫して表れている考え方である。

　岡は、富原小時代において、すでに独立自営の精神を持ち、積極果敢に活動する児童像を理想としていた。こうした理想的人物を育成するための具体的なプランを岡が構想し始めたのもこの時期であった。

　岡が、樋口勘次郎（1871-1917）の活動主義の影響に大きな影響を受けていたことは、1905（明治38）年9月、『福岡県教育会会報』に「活動主義的教育主義」という題目の論文[15]を発表していたことからも推察される。樋口により活動主義が提唱されて以来、活動主義は当時の現場の教員らに歓迎される一方で、「放任主義」「乱暴主義」と批判され、世にいう「活動主義論争」が1900年代初頭に巻き起こっている[16]。おそらく、岡は自身が福岡県師範学校の生徒だった頃、樋口勘次郎の『統合主義新教授法』（同文館、1898年）を読み、影響を受けていると考えられる。この岡の「活動主義的教育主義」という論文は、活動主義の教育的意義を強調したものである。個と社会の関係、すなわち、活動によって意志の自然勢力を誘発し、児童自身に自己の力を認めさせることで、社会に対する自己の役割の認識を促すことの意義について論じたものである。

第3節　山門郡富原高等小学校における岡千賀衛の自学主義教育論

　岡が谷本の活人物養成の必要、そして、方法論としての自学論の唱導に共鳴したことは、これまでの岡論文を概観すれば、首肯できるのである。

　岡は、1905（明治38）年4月、5月、10月の3回にわたり、『教育学術界』において、「単独的公共教育」という題目の論文を発表し、その中で具体的な自学主義のための方略を提案している[17]。

　岡は、公共教育の枠組みの中では、個々単独の児童の発達のために行う教育がおろそかになりがちであることを指摘している。

　「学校が公共教育の機関なりとして、単に其の孤塁を保守し、単独教育の精神を逸することは、亦大に責むべしとす。個々単独の発達の為に教育するものなることは、瞬時も吾人の忘るべからざることなり」[18]、「日々教訓し伝授するところは、学級を以て単位としたるものとして、万人に共通の教授を行い、以て万人に共同の理想を築成せしめんとす」[19]るものであるが、その一方で、「個性の忘却は、遂に公共教育の惜しむべき短所たらざるを得ざるなり」[20]として、「単独的公共教育」を主張した。「公共教育」の中で「単独教育」を行っていくためには、自発活動を促進し、個々の自己活動を旺盛にすることが必要であると岡は主張する。

　個々の自己活動を旺盛にするための手段として岡は、「彼の自発活動、衝動行動を適当に誘発し、其の最初の成功に重きを置き、教育者はこれに対して満足の意を表し、奨励を加ふることは、益々児童の活動を旺盛ならしむることの方便なり」[21]と児童の活動を誘発し、これを認め、奨励を与えることで自信を与えることを重視した。

　この論文「公共的教育」において、自発活動を誘発し、さらに自己活動を旺盛にするための手段として、次の二つの方策を提唱している。これは、岡が自らの教育実践研究の具体を初めて誌面上に明らかにしたものとしても注目される。

① 児童自修時間の特設
② 児童図書館の設置

学校における知識教授は、子どもたちに知識習得の方法を教え、知識に対する強烈なる欲望を啓発することが必要である。ところが、実際の教授の場面で子どもに自習を命ずることが多く、高等小学校では自習し、予習させることが多いのにもかかわらず、自己修学の方法を教え、これに向けて絶大の興味を保たせることに不熱心であったことを岡は指摘している。

そこで、岡はこの自修時間を発動的なものにすることを強調する。即ち、「自ら困苦を忍んで、進んで研究せんとする適切なる材料と、奮励努勉飽くことを知らざる自習の方法とを与えざるべからず」[22]と、自習の意欲化を図る内容と自習の方法指導することを岡は主張している。そのための方策として岡は①の「児童自修時間の特設」を挙げているのである。

「児童自修時間」について岡は、尋常科から高等科に至るまで、徐々に増やし、尋常科4年頃からは、自習時間を正規の授業時間の中に加え、自修時間を特設すること、そして、総ての教科において教師の指導のもとにそれぞれ自習啓発させることを提案している。

岡の富原小での実践では、高等科1年で毎週3時間の割合で、自修時間を特設し、順次1学年ごとに1時間加算し、高等科4年においては、少なくとも週6時間の自修時間を特設している。この自修時間に関する大要は、次の通りである[23]。

一、時間度数
　　高等科一年は一週六度、一度三十分間、合計三時間、他は此に準ず。但し、時として増減あり。
一、児童各自に、小漢字字典を所持し、学校備品の大辞書も在り、適宜に使用せしむ。質問は自由なり。
一、研究すべき問題を提出すること多し。問題は既習の全般に渉り、難易甚だ多く、又各教科によりて別々に孤立せず。地方より講究を要す。
一、研修の結果は、時々図表等として検閲を受けしむる。
一、或る場合には、研究の問題を狭小にし、研修の後、互いに討議論難せしむ。

其の可否二つに分かるる場合は、全級児童を三分し、一部を審判傍聴批判者とし、他二部をして論争せしめ、一定の時間を経て、三部児童の地位を更代し、第二回討論会を開き、或いは第三回に至ること多し。

　岡の自修時間の大要の中で注目されるのは、研究の問題を狭小にし、研究後、相互に討論させる場を設定している点である。岡の自修時間が、児童らに明確な目的を持たせて自修させ、その後の討論を企図していたことがうかがわれる。つまり、岡の自修が決して放縦なものではなく、学習全体を視野に入れてこの自修時間の特設を位置づけようとしていたことがわかる。
　以上の岡の児童自修時間における自学の概要をまとめると、次のように整理することができる。なお、整理にあたり、岡の自学輔導論の構成要素である「自学の素地」（学習的習慣、基礎的知識）、「自学の動機」（機会の補促、材料の提供）、「作業的学習」（学習の方法、点検整理）の六つの自学の要素に分類することにより整理を試みた。この要素は、岡の主著である『自学輔導新教授法』（弘道館、1909年）の分類によるものである。

　表1-2（次ページ）をみると、まず岡が、「自学の素地」に対する手だてを全く講じていなかったことに気づく。実は、意志の自然的勢力と最も関係の深い、児童の学習習慣と基礎的知識に関わる意識が、当時の岡には希薄であったことが窺われる。児童の学習習慣とは、児童が自ら学ぼうとする意志や意欲をどのように日々制御し、表現しているかということである。児童の基礎的知識とは、例えば、学習への意欲や意志を形成する上で、どれだけ、その内容に関わる基礎的な知識を有しているかということである。この段階において、岡は、意志の自然的勢力について把握し、個々の児童に対するアプローチを考える道筋を緻密に考えていなかったと思われる。
　また、自修の動機として、自修の機会の補促と自修材料の提供があるが、自修の機会として、「児童自修時間の特設」という一斉に自修を行う機会の提示を挙げている。また、自修材料の提供に関しては、既習事項の全般、すなわち

表1-2　岡千賀衛の自学輔導論の概要　―富原小時代―

自学の構成要素		具体的内容
自学の素地	学習的習慣	
	基礎的知識	
自学の動機	機会の補促	・毎日、授業後に「児童自修時間」を設定すること。 　　高等科1年　毎日30分（週6回、合計週3時間） 　　高等科2年　毎日40分 　　高等科3年　毎日50分 　　高等科4年　毎日60分（週6回　合計週6時間） ・児童図書館を学習施設として利用すること。
	材料の提供	・既習事項全般が研究対象。 ・研究すべき内容は児童が提出すること。 ・研究内容は難易差があり。 ・各教科に分かれず、地方的教材を用いて講究する。
作業的学習	学習の方法	・小漢字辞典を各自に用意させること。 ・児童図書館を活用させること。 ・研究問題を狭小にし、3グループに分けて、1グループを審判傍聴批判者として2グループで討論させる。この3つのグループを交代して、それぞれの立場を経験させること。
	点検整理	・研究の結果は図表などにして教師の検閲をうける。

岡千賀衛『自学輔導新教授法』（弘道館、1909年、20頁）の「自学の構成要素」をもとに、岡千賀衛「公共的教育」『教育学術界』第12巻1号、1905年10月、71頁を参考に引用者が整理・作成した。

復習的内容を児童各自が提出することになっている。教師の積極的なアプローチとして、児童の意志に働きかける自修教材を教師が提示したり、児童にそうした材料を発見させるための手だては、同論文からは読みとることはできない。ただし、学習の方法として示された、三つのグループに分けての討論は、自らの学習への意志を発動させ、児童の学ぶ意志を誘発する手だてとして興味深い方法である。

　以上のように、岡は、富原小時代、独自に彼の自学論の理論的骨組を構築していたと考えられる。ただし、後年、岡が世に示した、自学輔導論と対比すると、細部について、児童にとってどのような自学の手法があり、どのような意義を有するのかについては、彼の既出の論文を分析する限り十分明らかにできなかった。この3回にわたる月刊誌『教育学術界』への連載を発表した翌年

1906（明治39）年4月に岡千賀衛は山門郡富原小から福岡附小へ転任している。岡が、精密な自学主義教育論を構築するのは、この福岡附小在籍時の2年半であった。

第4節　福岡県師範学校附属小学校における岡千賀衛の自学主義教育論

　岡千賀衛は、1906（明治39）年に福岡附小に赴任し、1908（明治41）年、東京高師附小へ転勤するまでの2年半の間に、自学に関する研究はもちろんのこと、さまざまな研究に着手している。

　岡といえば、自学輔導法や算術教授法が知られ、主著として『自学輔導新教授法』（弘道館、1909年）、『珠算教授法精義』（大同館、1914年）などがあるが、その他にも、意欲的な教育研究を展開している。例えば、自学輔導の精神を酌んだ東京高師附小訓導小林佐源治（1880-1964）との共著、『複式教授法』（目黒書店、1913年）や、『教育実験界』に福岡時代の1908（明治41）年4月から、東京へ転勤後の、1909（明治42）年2月まで連載された「綴方教授法研究」など、実に多彩な研究を短期間の内に行っている[24]。

　岡の自学主義教育研究が初めて発表されたのは、1908（明治41）年1月の福岡県師範学校における研究会であった。この時、谷本富に初めて助言を受け、同年9月、岡が東京高等師範学校附属小学校に転任する前に「自学輔導法」に関する2回目の報告を行っている[25]。

　岡の一躍その名を知られることになる自学輔導研究は、複式教授法研究を土台としながら、単式学級における教授法研究として展開された。『自学輔導新教授法』の序文にその経緯が記されている。

「尋常小学校第三学年以上の児童に対し、最初に複式学級において実験し、次に単式学級に移しておいて実験したるものなり」[26]。

　では、岡の自学輔導論は、どのようにして複式学級において実験し、単式学級で実験されたのであろうか。次に引用するのは、奈良女子高等師範附小学校訓導であった清水甚吾（1884-1960）の福岡時代を振り返る文章である。ここに岡の自学輔導研究の様子と、清水の岡への傾倒ぶりが明らかにされている。

「明治40年から41年頃にかけては、自学自習の思潮が余程頭をもち上げた頃でありました。殊に谷本博士によって自学輔導が高調されました。実際家としては、当時福岡県師範訓導の岡千賀衛君が頻りに研究しました。私は同君にいろいろと学び、同君と協力して、福岡師範の附属で自学自習を実施しました。当時の自学自習は教師の方から綱目を示し、問題を与えて、その範囲内に於て自学自習させるのであって、輪郭を示した填充的完成的の自学自習でした。岡君は複式学級に於て、盛んに自学輔導法を研究しました。私は単式を受け持っていましたが、自学自習と共に画一教育の弊を打破し、個性尊重、能力適応の教育をしたいと思って複式的単式教授の研究をしました。同一学級内の児童を算術、国語の各能力に応じて組別をし、各組に適応した取り扱いをして能力の発揮を図りました。そして、各生徒の成績の進歩の状態に応じて組別変更をしたのでした。附属小学校の行事の一つである公開授業の時に実地授業をして批評を受けました。賛成者もあれば反対者もありました。併し児童の実力丈は認めて貰うことが出来ました。41年秋、岡君は東京高等師範学校訓導に栄転しました。そして福岡で研究したものを基にして自学輔導新教授法を公にしました。岡君は実に有望の人であったが、今は故人となっています。併し明治大正の教育に貢献した人として忘れることのできない人であります。岡君が東京高師訓導へ栄転しました際、私は寂寞の感をもちましたが、勇を鼓して進みました」[27]（傍点―引用者）。

この引用文から分かるように、福岡附小における自学教育は、岡と清水の協同的研究であったことが分かる。

1907（明治40）年の福岡附小における学級編制は、以下の通りであった[28]。

福岡附小における学級編制
・尋常科　第1学年　男女（単式）
・　同　　第2学年　男女（単式）
・　同　　第3学年　男女（単式）

- 尋常科　第4学年　男女（単式）
- 尋常科　第1、2、3学年　男女（2部教授学級）及び
  尋常科　第4学年、高等科第1、2学年　男女（2部教授学級）
- 尋常科　第1、2、3、4学年、高等科第1、2学年　男女（単級）
- 高等科　第1学年　男（単式）
- 高等科　第2学年　男（単式）
- 高等科　第3学年　男（単式）
- 高等科　第4学年　男（単式）

　この学級編制から、岡と清水の自学主義教育研究を展開した学級を特定したい。岡は、2年半の福岡県師範学校における在籍期間の間、複式学級を担当していた。つまり、二部教授学級又は、単級を担任していたと思われる。岡はこの2種類の複式学級の内、どちらの担任を務めていたのだろうか。
　清水甚吾は、自身の学級経営歴を次のように述べている。

　「私が師範卒業後四年目、受持の学級が尋常五年六年高等一年と順次進んできて、高等二年になった初の頃でした、六学年単級を受持ってゐた鹿子生君といふのが朝鮮に栄転しました。そこで私に六学年単級を経営するやうとの命が下りました」[29]。

　清水甚吾は、岡の転任後、1909（明治42）年度から1910（明治43）年度にかけて6学年単級担任として単級教授研究に携わっている。岡の前任者が鹿子生であったことから考えれば、他に複式学級は、二部教授学級（尋常科1、2、3学年及び尋常科4学年、高等科1、2学年担任）しかないのである。よって、岡はそれまで二部教授学級を担任していたことがわかる。
　清水と岡の福岡附小時代の担任学級は以下の通りである。

　岡は東京高師附小赴任後も一度も単式学級担任をすることはなかった。とい

表1-3　福岡附小における清水甚吾と岡千賀衛の担当学級[30]

○清水甚吾の担当学級

年　度	1906年度（明治39年）	1907年度（明治40年）	1908年度（明治41年）	1909年度（明治42年）	1910年度（明治43年）
担　当	高等科1年（尋5）	高等科2年（尋6）	高等科1年	6学年単級	6学年単級

○岡千賀衛の担当学級

年　度	1906年度（明治39年）	1907年度（明治40年）	1908年度（明治41年）
担　当	2部教授学級	2部教授学級	2部教授学級

うことは、岡が自学輔導教授法を単式学級において実験したのではなく、岡と清水が福岡附小に在籍していた1906年度から1908年度の間に、岡が二部教授学級で実践したことを、清水の単式学級でも実践するといった協力関係のもとで研究が続けられていたと思われるのである。

　岡が福岡附小に勤務していた時期に、複式学級において自学主義教育実践を行っていた事実は、後年、奈良女子高等師範学校訓導として活躍した清水甚吾も後年、述懐している。清水は、奈良女子高等師範附属小学校に勤務する前、福岡附小に勤務しており、特に彼が新任以来2年間、岡千賀衛とともに同僚として勤務し、岡の複式学級における自学実践に大きな影響を受けながら、共同的研究を行っていたのである。

　このように岡が福岡附小の複式学級で実践していた自学は、清水甚吾に大きな影響を与えた。清水が後に、奈良女子高等師範学校附属小学校で実践する「分団教授法」や「学習法」の礎は、この岡から学ぶことで築きあげられたものであり、その意味において岡の自学法は、清水を通して大正新教育における教育方法改良に影響を与えることになるのである。

　岡の福岡県師範学校附属小学校における実践は、『自学輔導新教授法』という形で結実する。その内容はどのようなものであったのだろうか。

　まず、岡は同著において「児童の自学は要するに作業的の自学なり」[31]と主

張している。そして、

> 「自学とは自ら努力して学習することなり。（中略—引用者）されど、児童は大人にあらず。努力して常に自ら自己を進め得べきものにあらず。此に於てか児童をして自学せしめんと欲せば、必ず児童化したる自学ならざる可らず。沈思黙考にあらずして、寧ろ種々の発表機関の活動に依りたる簡易平易な学習法ならざる可らず。吾人はかかる児童化したる学習を暫く『作業的学習』と称し、教師の輔導によりて適当に遂行するを得しめ、以て他日、自ら自己を進むべき自学自習の基礎を築くの具たらしめんと欲するなり」[32]。

と小学校の児童の自学は、作業的な学習のことをいうべきであり、大人の自学、すなわち自ら努力して学習する自学とは性質を異にすることを主張している。ここに岡の児童中心主義を見取ることが出来、岡の自学主義教育が、樋口勘次郎の「活動主義」の流れをひくものであることが推察される。岡の自学主義教育は、単なる訓育的な学習観に基づいた予習復習の自学ではなく、児童の実態に即した自学主義であったといえるのである。

　また、1900年代初頭、樋口勘次郎の活動主義に対する批判として、「活動主義は放任主義」という批判があった。これに対し、岡は同書において「自学輔導は自己学習の放任にあらず」[33]として、活動主義に代わるタームとしての自学主義を主張した。児童に主体的な活動をさせるために、題材や学習方法を提示し、補導のもとで自学をさせるという主体的学習論を展開したのである。

　岡は、「感神経と動神経」[34]を活かしめ、「絶えず運動機関を活動せしむることにより、取得したる知識の量においては大ならざることあるとも、その質においては、極めて確実明瞭なるを得べく、心意作用の修練に於いては、絶えず運動機関を活動せしめることによりて、自然に諸作用の発達を促し、学習的習慣錬成され、善良なる自己修養の基礎を固くするを得べし」[35]と自学を静的なものでなく、動的なものととらえていた。

　従って「児童自学の際は、教師の最も多忙なる時間」[36]なのであり、放任主

義といわれた活動主義に対し、活動主義の意義を大切にしながらも、輔導にあたる教師の役割の重要性を指摘していたのである。

このことからも、岡の自学主義教育論は、決して、教師が決められた課題に対して児童が取り組む、いわゆる予習・復習といった静的な性格のものではなく、児童が自ら課題を発見し、児童の心意作用の修練に対する教師の指導性を重視した動的な学習指導のあり方を提案したものであったといえる。

1909（明治42）年12月に刊行された『自学輔導新教授法』において、岡はどのような自学論を展開していたのだろうか。

岡の自学主義教育論は、1908（明治41）年1月と同年9月に福岡県師範学校で発表されており、その後、東京高等師範学校へ転任しているが、岡や清水が言うように、その多くは福岡において構想され実践されたものである。

福岡附小時代における自学論の構造を、岡の主著『自学輔導新教授法』に基づき、「自学の素地」（学習的習慣、基礎的知識）、「自学の動機」（機会の補促、材料の提供）、「作業的学習」（学習の方法、点検整理）の6つの構成要素に分類することにより表1-4の通り整理を試みた。

表1-4　岡千賀衛の自学輔導論の概要　—福岡附小時代～東京高師附小時代—

自学の構成要素		具体的内容
自学の素地	学習的習慣	○自ら学習する一定のはたらき（自学の形式的素地） ・「言語についてのきまり」「動作についてのきまり」「学習帳についてのきまり」 （20-24頁）
	基礎的知識	○教授材料を類化するのに必要なる基本的知識。（自学の実質的素地） ・基礎的知識（一般的知識、各教科特別な知識）の必要性。 （25頁）
自学の動機	機会の補促	○自学に適当なる機会を捉ふること（自学の間接的動機） ・自学の機会は、自学すべき時間の特に固定されたりや否やによりて其の趣のことにするものなり。 1. 自学の機会—自学時間特定と非特定の長所・短所 (1) 自学時間特定の場合 ・自学の機会は固定せり、従て、学習は時に強制的義務的となることあり。併し時には材料の予定によりて都合よき場合もあり。 ①時間特定の長所

・学習事項の予定により純粋の自学をなさしめ得ること。
・児童の相互研究（優等生を使用したる互教法）をなさしめ得ること。
・複式学級に於て教授作用の複雑を防ぐに便なり。
・二部教授の場合に於ける半部に適用さる。
②**時間特定の短所**
・教師の輔導十分ならざること生じ易し。
・質疑の即解に不利なり。
・自学の進程、各児童相違するにより、次の教授の出発点を懸隔せしめ、優劣の差を大ならしむる嫌あり。
③**適用上の注意**
・通常小学第4学年以下には適用せざるを可とす。自学の素地となるべき既知の観念に乏しく、又直接の輔導とを俟たざれば、学習し能わざること多ければなり。
・時間固定の場合には時間割調整上十分の注意を要す。直接教授の時間を自習時間の前後に配当して自習の予備となし、また整理をなす如き関係に立たしめざる可からず。
・学習方便物の十分なる準備を要す。辞書絵画地図実物標品等児童の自習に適当なる方便物を準備すべし。辞書は各自にこれを所持せしむべし。
・学習したる結果は表記図解等一覧し易きものとなりて表はるべき教材に適用し易し。
・実験観察等多くの時間を要する教材の場合に適用し易し。
・技能教科又は練習的教材に適用して効あり。例えば、算術の練習題、図画、手工、書方、裁縫等には適用に便なりとす。
(2)　**自学時間の特定されざる場合**
・自学の機会は随意に輔導によりて造り得らるる自由あり。従て大いに教師の技量に依る所多しといふべし。
①**特定なき場合の長所**
・適切なる輔導をなし得べし。適当なる場合に与へたる教師の一言も大に自習の助けとなることあり。時間を自由にするときは随意に輔導の好機を治め得べし。
・児童に個別化したる取り扱いに便なり。劣等生の特別輔導の如きも其の時期を得易く単式学級に於ける優等生劣等生組みわけの複式教授をなすにも便利なり。
・自習による学習結果の懸隔を少なくするを得べし。
・教材の如何によりては全時間自学せしめ得べし。（時間固定の場合の如く）
②**特定なき場合の短所**
・純粋なる自学を強ふるに力を要す。教師に頼らんとするの習慣を改むるの難し。
・二部教授半部の時間空費救済に適用し難し。
③**適用上の注意**
・低学年児童より高学年児童に至るまで何れの程度の児童にも適用し得べく、又如何なる教科の場合にも行ふこと容易なり。然れどもこは教授の順序段階につきて研究を遂げ、適当の機会を予定することにせざる可からず。
2.　**種々の学習機会**
イ　概覧の機会　新材料を通覧して大要を把捉せんとするもの。
ロ　質疑の機会　不明の点を探し出し、困難の点を摘出せんとす

		るもの。 ハ　推解の機会　学理事項の推解を試みんとするもの。 ニ　報告の機会　大要を理解したる後、学習の結果につき表出せんとするもの ホ　深究の機会　詳細に部分的深究を試みんとするもの。 ヘ　完成の機会　学習事項を統括せんとするもの。 ト　自己訂正の機会　教師の補正に基づき自己学習の結果を（学習帳上にて）訂正せんとするもの。 チ　模倣的練習の機会　示例示範に基づき模倣せんとするもの。 リ　創作的練習の機会　種々の応用工夫を試みんとするもの。 ヌ　彙類的練習の機会　表記図示等により彙類を試みんとするもの。 ル　約説の機会　学習事項を約説せんとするもの。 ヲ　相互練習の機会　学級児童が相互に訂正し質問し応答せんとするもの等。 （30-40頁）
	材料の提供	○自学に適当なる材料を与ふること（自学の直接的動機） 【如何なる材料が自学に適するか】 ・有機的発生的の順序に配列されたるものたるべし。 ・発見的進歩的なるべし。 ・教科書又は絵画図表等視覚上の形式として表れたるものたるべし。 ・反復練習の行われ易きものたるべし。 ・児童の学習態度に適応したるものたるべし。 ・該教科学習上固有の価値あるものたるべし。 【材料提供上の注意】 ・学習の要点を明らかにすること。 ・輔導の範囲と自学の範囲とを明に区別しておくこと。 ・先ず自学の素地資本たるべき既知事項を整理すること。 ・練習の標準を確実にすること。 【教材区分法】 ・教材を適当に区分して、之に時間を割りあて、また一時間の材料を適当に分節して練習自学の機会を多からしむることは、自学輔導の趣旨よりみて極めて肝要のことなり。　　　（41-47頁）
作業的学習	学習の方法	○学習の為に種々の運動期間を活かしむる方法（作業的学習の継続） ・自ら努力して学ばせるのではなく、作業的な自学をさせること。 ・大人の自学のような沈思黙考ではなく、様々な発表する機会を生かした、簡単で平易な学習法を採用する、児童化した自学である必要がある。 ・活動をさせることを通して追究することで、知識の量としては大でなくても、質として、確実明瞭な知識を得ることができる。 ・学習習慣の練成を図る。 ・教師の輔導を通じて指導する。 【自学の方法に関する一般的要件】 ・簡単にして容易なるべし。 ・多種多様にして変化あるものたるべし。 ・種々の運動期間を活かしむるものたるべし。

・該材料の学習に適切なるものたるべし。
・一定の規律に従うものたるべし。
【学習心理からの学習方法の分類】
1-1 直観を主として学習すべきもの（理科等）
・実物標本絵画等を直観すること。
・直観については観察実験の要点を明らかにすること。
・観察の順序は概して全体より部分に進むこと。
・直観の結果を整理すること。
・整理の方法は図示によるか表記によること。
・教科書、参考書等と対照すること。
1-2 直観を主として学習すべきものを輔導するにつき注意すべきこと
・適当なる方便物を準備すること。
・児童をして準備せしむること（蒐集法、蒐集上の注意を要す）。
・方便物を整頓すること。教材陳列所を設くるを便とする。
・観察の要点方法を指示すること。
・結果の整理法を授けおくこと。図示表記の方法
・直観の結果を整理すること。
・整理の後、尚説明的に再度の観察実験をなさしむること。
2-1 記憶・想像を主として学習すべきもの（歴史・地理等）
・文字文章（教科書）等によりて予習すること。これには予習の要項と方法とを会得するを要す。
・予習の結果は表記図示等により整理すること。
・教師の訂正補説によりて訂正すること。
・教師の説述を復演すること。復演には言語による口述復演と文字図表による筆述復演とを併用すべし。
2-2 記憶・想像を主として学習すべきものを輔導するにつき注意すべき事項
・学習の要項を明にすること。
・学習項目を指示すること。学習方便物を与えること。
・説述を明確簡潔にすること。
・部分的深究と共に全体の通覧を怠らざること。
3-1 推理を主として学習すべきもの（理科、算数、地理、歴史、修身等）
・個々の観念を明にすること。
・個々の観念概念を整理して思考の出発点を確固にすること
・個々の観念の比較。相互関係の発見。
・概念につき分類し、彙類すること。
・断定につき例解すること。
3-2 推理を主として学習すべきものを輔導するにつき注意すべき事項
・一歩一歩に解明して進むこと。
・表記法を利用して、表記に出発し、表記に終わるを便とす。
・考察の順序を指示すること。
・考察の一例を示すこと。
・考察の資料を十分にし明確にすること。
4-1 反復練習を主として学習すべきもの（体操、遊戯、書方、図画、手工、裁縫、朗読、談話、唱歌、算数の運算等）
・模範により模倣練習すること（模倣の要点方法）。
・部分的基礎的練習を反復すること。

第 4 節　福岡県師範学校附属小学校における岡千賀衛の自学主義教育論　69

	・練習の要項標準に注意すること。 ・総合的練習をなすこと。 ・自己訂正・相互訂正をなすこと。 ・工夫創作。 **4-2 反復練習を主として学習すべきものを輔導する上で注意すべき事項** ・模範の適切なること（既成の模範、未成の模範）。 ・練習要項の分解的指示 ・練習上の注意を与へ、陥り易き点を指示すること。 ・訂正の要項方法を指示すること。 ・成績物を保存せしめること。 ・基礎的練習をなすの機会を与へ、適当の材料と方法とを示すこと。 　　　　　　　　　　　　　　　　　　　　　　　（85-96 頁）
点検整理	○児童の学習を点検し整理して学習の態度を新たにすること（作業的学習の更進） ・「学習のはたらき」と「学習の結果」について 　結果を賞すると共にどの努力も賞すべし。結果の点検のみに偏すれば、往々にして天賦の評騰となり、価値ある勤労を軽視するに至るべし。乃ち、学習のはたらきを点検して、よく児童の努力を承認することは肝要のことたるなり。 ・点検整理の標準を明にすること。 ・点検整理の要点は学習の要点に一致するを要す。 ・点検の材料を塗板上に準備すること。 ・児童をして点検訂正の方法を会得せしむること。 ・次の学習を誘発するの予備たらしむること。 　　　　　　　　　　　　　　　　　　　　　　　（105-111 頁）

岡千賀衛『自学輔導新教授法』（弘道館、1909 年、20-111 頁）を参考に引用者作成

　この岡の福岡附小時代から東京高師附小までの時期に形成された自学輔導論から、岡の自学論の特色を述べたいと思う。

　岡の自学輔導論は、富原小時代に構想した自学論と比べ、かなり精緻な教授方法論となっている。特に岡は、富原小時代に「児童自修時間の特設」という形で、自学の機会の補促を行っていたわけであるが、福岡附小時代を経て、自学時間を特設することの長所、短所について論を展開しているところが注目される。

　岡は、自学時間を特設して自学をさせるのは、尋常科 5 年生以上であり、4 年生以下は難しいと主張する。尋常科 4 年生以下は自学の素地となるべき既知の概念に乏しいこと、そして直接の教師による輔導を必要とするという理由で、

4年生以下に自学時間を設けて自学をさせることを避けるように述べている。高等科併置の小学校における二部教授は、通常、午前に1年生から3年生の授業を行い、その間4年生から高等科児童に対し、自習を課す。1年生から3年生が下校した後、教員は4年生以上の児童の自習事項を点検し、教授を行うという形をとっていた。

福岡附小で、二部教授学級を担任していた岡は、「二部教授の場合における半部に適応さる」というが、これは、上学年である尋常科4年生から高等科2年生に対して、自学時間を特定していたのであろう。

岡は、自学時間を特設することの欠点として、自学時間を特設すると、児童の自学の進程が異なるため、優劣の差が広がるることを指摘している。後述する木下竹次の鹿児島師範学校附属小学校は、岡と同時期に「自習時間の特設」を行っているが、この時間は、劣等児救済のために行っている。岡の想定している自学時間における輔導は、鹿児島師範学校附属小学校のような劣等児救済を重要な目的としていなかったことがうかがわれる。岡は、自学時間において、教師の輔導が十分にできない自学時間を特定せず、随意の輔導によって自学の動機を与えることのよさについて述べている。自学は、どの児童、どの教科にも実施可能であるが、大いに教師の技量に依る所が多く、自学をさせるためには、よく教授の順序、段階について研究し、どのように自学に適当な機会を設けるべきかを検討する必要があることを指摘している。そして、岡は、具体的な教授段階における自学の学習機会について「種々の学習機会」として12の場面をあげている。

岡は自学に適した材料（自学の直接的動機）についても、その選択基準について述べている。教師の輔導によって子どもを自学させるということは、輔導にかかわる教育の質の問題とかかわっている。従って、どのような材料、教材をもって自学させるのかということは学習輔導において大切な要点であった。

また、学習の方法についてであるが、小学生に対して自ら努力させて学ばせるのでなく、作業的な自学をさせること、そして、大人のような沈思黙考ではなく、様々な発表する機会を生かした簡単、平易な学習法を採用する、児童化

した自学である必要があると、児童の実態に合った自学のあり方を追求すべきという。つまり、自学は、よく考えられた材料、教材、児童に合った学習法と輔導によって行うことができると述べているのである。

第5節　その後の岡千賀衛
　　　　　―東京高等師範学校附属小学校における自学主義教育論―

　ここで、岡の自学主義教育論が、東京高師附小赴任後、どのような展開をみたのかについて、東京高師附小での、岡の教授案、批評会記録などをもとに、分析・考察を試みたい。

表1-5　岡千賀衛の読方教授案および批評会記録　〔1909(明治42)年11月1日実施〕
　　第三部　　第三学級　　尋常（第四五六年）読方教授
　　　　　　　　　　　　　　　　　　　　　　　　　　教授者　　岡　　千賀衛

①教授案（11月1日複式研究会における研究の為）

第四学年	第五・六学年
一、教材 「第一課　郵便」の第四次 尋常小学讀本八　自　五頁三行 　　　　　　　　至　六頁二行 （形式） 貫。以下。荷物。小包郵便。郵便為替。 （内容） 郵便には小包郵便、郵便為替といふものありて、荷物金銭を送るの便なること。	一、教材 「第二課　日光」の第一次 高等小学讀本四　自　五頁五行 　　　　　　　　至　六頁三行 （形式） 自然。尋常。所々。景色。昂揚。すでに。隠見。いはんかたなし。 （内容） 日光は自然の美と人工の美とをかねたる名勝なること。遊覧の客、年中たえざること。
一、教法 　△印は児童の自働学習を示す 　　△讀本につき黙読 (2) 児童自習の結果につき誤りを正し足らざるを補ふ。	一、教法 　△印は児童の自働学習を示す (1) 一生に朗讀せしむ。訂正。 　下の難語句を板書し、自習室に於て豫習せし結果につき再覧せしむ 　自然の美。人工の美。 　日光のごときはあらず。尋常ならず。老樹の間。景色いはんかたなし。ゆーらんの客 　△　学習帳につき語句解釈再考。 　△　数生板書語句に解釈を記入す。 　△　適当の時期に一定の順序により輪讀を始む。

イ　一生に朗讀せしむ。讀方矯正。 ロ　難語句につき問答。 ハ　朗讀練習をなさしむ。 　　輪讀相互訂正を命ず。 (3)　書取練習を命ず。 　　小包郵便で―までの―をおくることが―。 　　郵便為替で―までの―。 　　輪讀練習をなす。 　　△　輪讀練習の傍、書取練習をなす。	
	(4)　豫習の点検、補成。 　　イ　難語句解釈板書につき問答深究す。 　　ロ　讀本前文につき意義再閲 　　ハ　意義を話さしむ。 (5)　書取練習を課す 　　一　日光ハ―ト―ヲカネタルタメイ 　　　　ショーナリ。サレバキタリアソブモ 　　　　ノツネニタフルコトナシ。 　　二　ナツノサカリ、アキノモミヂノコロ 　　　　ハ、ユーランノキヤク―。 　　　　（填充、正誤、文体改作、漢字に改 　　　　めしむ） 　　△　書取練習の傍、輪讀、話方の練習を 　　　　なす。
(6)　書取の点検。 　　内容の整理敷衍。 　　小包郵便差出の心得大要 　　郵便為替の制の大要 　　両者を説明せる文形比較 (7)　書取練習を課す。 　　一　えんぽーにかねをおくるには、郵便 　　　　為替にするがよい。 　　二　一かん六百もんめいかのにもつな 　　　　ら、小包郵便で、とほいところにも 　　　　おくることができる。（視写して漢 　　　　字に改めしむ）	
	(8)　書取点検。 　　内容につき問答。整理。
(9)　書取の点検。	

②教授者の説明

一、教順は、大体、始めの予習の結果につき、全文の読み方、難語句の意義等を点検してその誤を正し（矯正）、また足らざるを補ひ（輔成）、朗読、話方、書取等、種々の練習を行はしめて、最後に整理を行ふの順序を取りたり。

二、されど、この順序は下学年の方に正しく履まんことにつとめ、上顎年(ママ)の方は多少の顚倒を免れざりき。

三、書取練習の際にも輪読練習を課し、可成時間を経済的に利用せんことにつとめたり。

四、自働輪読法については、下学年と上学年と異なりたる方法をとりたり。即ち下学年は一時に二人宛起立して、甲が一句点まで読めるを乙が伴読し、読本を注視して相互に訂正を十分ならしめんとし、上顎(ママ)は、一章ずつ朗読し、読み終わりたる者が次の者を批評訂正する様にしたり。何れが宜しきか御意見承りたし。

五、四年の方はこの次に全課をまとめて復習すべく、其の際、内容につき今少し説明を付加せん考えなり。

③批評会の概況

参加者	コメント
朝倉政行	五年には四ノ巻(高等小学用巻四)は難しからずや。果たして難しとせんば方法単元を定むるに、五、六いづれを標準とせらるるや。
教授者(岡)	左様、殊にこの教材の如きは困難なり。方法単元を定むるには、勿論、五年の方を顧慮すれど、自然教材の都合上、五年には多すぎると思うことあり。尤も、五年の方にも却て六年の劣等生よりは、余程、よくわかる生徒あり。
相島亀三郎	次の諸件について伺いたし。 一、自習用の方便物は何々か。 二、四年は、自習の時、黙読せよと命令されても大方音を立つるが如し、四年だけには許さるるや。 三、成るべく小国板(ママ)を用いざる方針なりや。 四、回読せしむる時、若し、誤謬を伝へたりとせば其処置は如何にせらるるや
教授者(岡)	一、自習用の方便物としては、四年に対しては、難誤句の解釈表、五六年に対しては、自習辞典及言海、漢和大辞林等なり。 尚、本日の教材ならば、日光の写真を廊下に陳列し置く。 二、黙読といひても多少の音を出すことは許す。 三、成るべくは用いずにやる考えなり。 四、それには別に良方法とてなし。されば、教師も生徒も気づかずして終わることあり。
相島亀三郎	この複式研究会で申し合わせたる所に依れば、四年以上は、黙読の時は、音

	を立てさせぬことにする考えなりき。
馬淵怜治	四年では、マタ、シカシ等の接続詞は未だ取り扱われざるや。
教授者（岡）	取り扱いつつあれど、本日はそこ迄手が届かざりき。
村野幸二郎	新教材に移りたる時は、一通り課の終わるまで通読せしむるが如きことはせられずや

「第三部第三学級尋常（第四五六学年）讀方教授」『教育研究』第 69 号、1909（明治 42）年 12 月、45-51 頁をもとに、筆者が作成。

　表1-5は、岡が担任をしていた第3部第3学級における「読方」の教授案である。岡は、複式学級や単級等の属する第3部担任として、1908（明治41）年10月に同校に赴任し、1909（明治42）年は、4、5、6学年の3学年編制複式学級を担当していた。

　なお、東京高師附小複式学級研究会は、1906（明治39）年10月に開設され、年間6～7回の研究討議会を実施していた。岡の研究授業もその中で行われていたものである。東京高師附小における自学や自習法に関わる研究は、この第3部の教員を中心とした複式学級研究会において1910（明治43）年前後に展開されていた。

　さて、本時では、教材として、4年生については尋常小学読本第8巻、5、6年生については高等小学読本第4巻を用いている。

　岡が5、6年生に対して、高等小学読本を用いていることに対して、特に5年生が、自ら学び、学習をすすめていく方法をとる学習スタイルをとる方法単元では、内容が難しすぎるのではないかとの指摘があったようである。

　岡は、方法単元では、5年生にあわせて教材を選ぶ必要があること、5年生でも6年生の劣等児よりも理解に優れる児童もいると指摘し、子ども自身が学習をすすめていく上での教材の選び方について課題を持っていることが窺われる。

　ここで、本時の授業の流れについて簡単に解説しておく。

　まず、岡は、5、6年生については、一人の児童に朗読を命じ、読み方の訂

正を行っている。5、6年生児童は、自習室において、予習することになっており、一人の朗読を聞きながらその読み方についてそれぞれ点検をさせる。学習帳には、語句の解釈も調べているので、その解釈についても再考させる。難語句（「自然の美」「人工の美」「日光のごときはあらず」「尋常ならず」「老樹の間」「景色いはんかたなし」「ゆーらんの客」）については、岡が板書し、これら難語句の解釈を数人の児童に板書させている。終わり次第、児童は輪読を始めるようにしている。輪読により、お互いに読み方の誤り等について互いに訂正し、確認させるようにしている。ここまでは、児童の自働学習として、学習を進めさせている。

　岡が、5、6年生の指導をしている間、4年生に対しては、それぞれの児童に読本を黙読させ、予習をさせている。4年生には、難語句の解釈表が配布してある。岡が来ると、一人の児童に朗読させ、その読み方の間違いを訂正させる。難語句については、ここで質問をさせ、岡が答えることになっている。その後、朗読練習をさせ、輪読相互訂正を命じている。この輪読を岡は、「自働輪読法」と呼び、5、6年生の輪読法と4年生の輪読法は異なる方法を指導している。具体的には「教授者の説明」において記されている。

　さて、4年生には教科書の輪読練習をさせながら、書取練習を行わせている。これも自働学習の一環として行っている。

　4年生が輪読および書取練習を行っている間に、5、6年生に予習の点検および補正を行っている。これは主に問答により、語句の意味、解釈について点検をし、誤りがある場合は、補正を行っている。その後、児童に対して、書取および輪読の練習をさせている。

　再び、4年生の所へ行き、書取の点検をした後に、書取練習を課すが、平仮名で書いた文章を見て、漢字に改めて筆写するように指示をする。

　その後で、5、6年生の書取点検と4年生の点検をして授業を終わっている。

　以上が、1909（明治42）年11月1日に実施された岡の読方授業である。この授業と批評会の討議内容を踏まえて、岡の自学論の東京高師附小における展開を検討していきたい。

本時における岡の自習法で特徴的なのは「自働輪読法」である。下学年（4年生）では、一時に2人の児童が立ち、一句点まで互いに読み、音読しない方が伴読し、読本に注視することで訂正を行う。また上学年（5、6年生）では、輪読において、朗読し終わった者が、次の者を批評訂正するようにしている。このように、児童の発達段階によって輪読法が異なるようにしている。岡は、児童相互による学び合いを複式学級内において組織しようとし、これを学年の段階に応じて変えようと考えていたのである。

また、岡は自習方便物として、4年生に対しては難誤句の解釈表を配布している。これは、本時の授業時間内において自習をさせること、そして、自学の方法や習慣をつける一つの段階として4年生にこのような方便物を用いていると考えられる。一方、5・6年生に対しては、自習室において、自習辞典、言海、漢和大辞林等を使わせている。岡は本格的な自習は小学校5・6年生になってから行うことが適当であると考え、4年生はそのための前段階的な指導を展開すべきだと考えていたのであろう。

児童に自習を課す場合、岡が「黙読といひても多少の音を出すことは許す」と言うのに対し、相島亀三郎が、「この複式研究会で申し合わせたる所に依れば、四年以上は、黙読の時は、音を立てさせぬことにする考えなりき」と岡に「釘を刺す」一幕も見られる。活動主義的な自学主義を主張してきた岡は、沈思黙考を重んじる従来の複式教授に関して否定的な立場をとっていた。このことに対して、伝統的な複式教授法を継承し、複式教授における音声の衝突問題について取り組んでいた東京高師附小の複式研究会らしい指摘があった。このあたり、岡の自学論がよく表れている場面である。

この岡の教授案や批評会の概況等を見ると、複式学級における教授において、教科書に代表される教育内容を無批判に採用するのではなく、複式学級の特殊性や学習方法を重んずる方法単元に応じて教材を選択していたことに関しては、かなり柔軟な姿勢を見せていた。つまり、複式学級においては、この学年にこの教科書の内容を教えるといった硬直的な教育内容の取り扱いをしていなかったのである。

このことは、自学主義教育を考える上で重要な視点である。つまり、児童の実態にその教材が合っているのか、自学を重んずる指導法を展開する場合、その教材が自学をする上で適しているのかという点に岡も批評者も関心を持っていることが分かる。複式学級で自学をさせる場合、方法と内容の両面から教材選択をしなければならなかったのである。

　おそらく、こうした視点は複式学級における指導法を研究する中で形成されるようになったのではないかと考えることができる。つまり、複式学級においては、必ず児童に自学をさせなければならないのであるが、子ども自身による自学により、本当に学習が成立するのかどうかは教員にとっての大きな関心事であった。自学を中心とした子どもの学習が成立するためには、どのような教材が適切なのかということを考えざるを得なかったのである。

　また、どの学年の段階でどのような指導法が適切かという視点、例えば、自学のさせ方をどのように段階的に指導していくのかについても、様々な学年の児童が在籍する複式学級における経験により培われたものに違いない。つまり、一度に様々な学年の児童を指導しなければならない状況において、それぞれの発達課題について明確にすることは、教育目標や授業目標を立てる上で必要不可欠であったからである。その中で、どのような自治的な学習方法が適当かということが岡にとっては重要であったと考えられる。

　岡の教授案や批評会の概況等から、以上の事柄を読み取ることができるのではないだろうか。

第6節　おわりに
　　　―岡千賀衛の自学主義教育論の意義―

　岡が、1908年9月に赴任した東京高師附小では、すでに1906（明治39）年4月以来、樋口長市と立石仙六（元福岡附小訓導）により「自習法」に関する研究がすすめられてきた[37]。岡千賀衛が、福岡附小在任中に、すでに、立石らも「自習法」研究を開始していたのである。

　1906（明治39）年11月の『教育研究』第32号以降、立石は「六学年編成二部教授の現況を叙して義務教育延長に伴う諸問題に及ぶ」という論稿を発表している。これは、二部教授が、6年生義務教育においても実施可能か否か、実施可能であれば、どのような方策が考えられるかについて実践研究したものである。二部教授においては、児童に自習の仕方を指導することが重要であった。一人の教員が、様々な学年児童を一度に学習指導することは難しく、一方の児童を教師が指導している間に、他方の児童に自習をさせていたのである。この児童の自習の仕方のことを自習法と呼んでいたのである。この「自習法」の内容は、1907（明治40）年2月刊行の『教育研究』第35号と、同年4月刊行の『教育研究』第37号に記載されており、かなり精緻な自習法の指導法について述べられている。

　さらに立石は、1908（明治41）年1月に『教育研究』第46号において、「児童自修法の実際的研究」という論稿を発表し、自らの自習法にかかわる研究の成果を発表している。この研究は、これまで立石が、六学年単級教授法研究や二部学級教授法研究において培ってきた自習法（自修法）研究の成果を抽出し、まとめたものであり、岡千賀衛が福岡附小で第1回目の自学輔導研究の成果を発表した時期とほぼ一致する。なお、立石は、樋口長市との共著で『自習法並びにこれと関連せる教授法』（宝文館、1909年）を刊行している。立石と樋口は、義務教育就学率の増加と、義務教育6年制による教員不足を想定した東京高師附小における研究課題の実践として、自習法研究を行っていた。なお、立石は、「自習」と「自修」の厳密な使い分けはしていない。立石は、福岡附小訓導か

ら東京高師附小へ転出した経歴をもっていた。福岡附小の前任者である立石と岡が同時期に自学に関わる研究を行っていたことは興味深い。1908（明治41）年に立石は福岡に戻り、福岡高等小学校に転出する。立石に代わって岡が東京高師附小に赴任することになる。つまり、自修法研究の立石の後任として岡千賀衛に白羽の矢が立てられたと考えられるのである。

　岡の「自学輔導法」が発表され、全国に知られるようになったのは、1908（明治41）年9月に発行された、『小学校』第5巻第11号および、同第5巻12号、同第6巻第1号、第3号に掲載された「自学輔導法」以降のことである。ここで岡は、自学輔導法研究を開始した経緯について次のように述べている。

「吾人が唱ふる自学輔導法はその名称、既に新奇である。然れども唯教授の作用を児童と教師との両面から見たといふまでであって即ち児童の自学するのを教師が輔け導いて行くといふ自然の方法であって、決して今日発見し得た新奇のものではない。多くの人が古くから行ってもいようし、今でもまた行はれて居ようと思ふ。（中略）嘗て博士谷本富先生はその新教育論に於て、盛んに自学の必要性を叫ばれた。新教育論は大いに天下の視聴を聳てたが、然かもその反響はいとも寂しげに未だ一の実地教育者あってその実際的方案を語らぬ。其道の為には実に嘆かわしき極みである。予輩浅学、敢て予に率（ママ）先して説をなすの資あるものではないが、数年来、多少此の種の研究をなしたことあり。嘗ては（36年）其の実験の一端を学術界に公にした縁故もあり、今は不敬を顧みず、敢て予の指導者に資さんと思うのである」[38]。
（ママ）

　岡は、1903（明治36）年、『学術界』即ち、『教育学術界』に自学に関する研究実験の一端を公にしたと記しているが、同書に岡が掲載している論文は「美感の本質及価値」である。しかしながら、この中には自学に関わる内容は管見の限りにおいてみとめられない。ただ、この年に、『福岡県教育会会報』第47号から第49号にかけて「意志修養特に自信力養成に対する卑見」（1903年5-7月）に自学に関わる内容を掲載していることから、岡の主張するようにこの頃

第 6 節　おわりに　81

すでに自学輔導にかかわる実践研究を始めていたことは首肯できる。このことから、岡が谷本富以前から、自学に関する取り組みを構想し、展開していたことが確認できる。

　ここで、岡の自学主義教育の特色について整理しておきたい。

　1908（明治41）年、『小学校』第5巻第11号では、岡の自学の定義について次のように述べられている。

「自ら務め、自ら学び、依って以て自ら自己を進むる素質を養う。所謂、自治的学習、即ち自学に他ならぬ」[39]。

　福岡時代の岡は、自学を「自治的学習」と説明していた。これは、福岡における自学主義教育がどのように位置づけられていたかを示すものである。つまり、自学は、自治的に児童に学習させるものと定義しているのである。これは、福岡時代に、複式学級を担任することが多かった岡が、自治的に学級を経営し、自学をすすめようとしていたことを示している。岡が、「児童自修時間」において、研究問題を狭小とし、各自の研究・研修の後、児童相互による討議を実践し、児童相互による学び合いを自治的にすすめる「自治的学習」を実践化していたことからも岡の自学の考え方を窺うことができる。こうした岡の自学へのスタンスは、当時の福岡県における、自治民育運動の風潮と無縁ではなかったのではないかと思われる。

　地方改良運動のリーダーであった内務省参事官井上友一によれば、当時の福岡県は、自治民育成策の模範的地域といわれた地域であり、初等教育現場において自治的な学級経営・学校経営が盛んに創意工夫されていたとわれていた地域であった[40]。岡の自学は、児童の自治心の基礎の上での自学であり、単なる教授上の自学ではなかったと思われる[41]。

　岡の自学論では、意思の自然的勢力の誘発、自己の力の自覚により社会への貢献を目標としており、そこに彼の実践は連続していたのである。

　ところが、岡が東京高師附小へ転任後、自学の定義に若干の揺らぎが請じて

いる。同校の研究機関誌である『教育研究』第 74 号、1909（明治 42）年に掲載されている岡の論稿「自学自習に関する研究の要点」から、自学の定義に関わる部分を引用してみよう。

「自学自習という意味は人によって多少其理解が違ふであろうが、吾々は読んで字の如く自ら学習することである」[42]。

ここで注意すべき点は、これまでの福岡時代の論稿に比して、自学の定義が変化してきている点である。

「自ら学習する」という意味での自学は、「自治的学習」という意味よりも曖昧な表現であるかもしれない。これは、複式学級や単級における自治的学習論から単式学級における主体的学習論に向けて普遍化を試みる岡千賀衛と東京高師附小による自学論の進展ととらえられなくもない。しかし、岡の福岡時代において展開された自学論が、伝統的な研究校である東京高師附小において主張しにくい状況に陥っていたことを示していたともいえる。その様子は、第 5 節で分析した岡の教授案、複式研究会の授業批評会にもよくあらわれている。

最後に、明治末期における自学主義教育の代表的実践家である岡千賀衛の自学主義教育論をどのように新教育運動へ連なる教育実践史上に位置づけたらよいのか、そして、彼の教育方法がこの時代に与えた影響はどのようなものであったのかについて整理してみたい。

従来の先行研究において、岡千賀衛は、谷本富の「自学輔導論」の影響を受け、福岡附小において自学主義教育を展開してきたとされてきた。

しかし、岡は、1903（明治 35）年に発表した「意志修養特に自信力養成に対する卑見」（『福岡県教育会会報』第 47-49 号）において、すでに、自学主義教育論を展開し始めている。即ち、この論考において、岡が直接ドモランの著書（慶應義塾訳『独立自営大国民』金港堂、1902 年）に影響を受け、自学主義教育の発想を得ていたのである。

従来、自学輔導論は、谷本富が在欧中にドモランの著書を読み、そこからヒ

ントを得て、新教育論・自学輔導論を、1905（明治38）年12月2日から、1906（明治39）年6月23日にかけて京都府・京都市教育会において行われた教育学講義会（全15回）以後、唱導したとされているが、実はドモランの著書は、谷本の新教育論の唱導以前に、翻訳されたものが出版されており、岡をはじめとした全国の教師たちによって読まれていたのである。

　自学主義という言葉は用いていないが、谷本の京都での教育学講義会以前に、「単独公共教育」（『教育学術界』第11巻1号、1905年4月）において、岡千賀衛が「児童自修時間の特設」や「児童図書館の設置」などの具体案を提示していることは、新教育の教育方法原理の一つとなった自学主義教育が必ずしも谷本の唱導によって開始されたものではなかったことは明らかである。

　また、岡が当初、谷本の影響よりも、むしろ樋口勘次郎の「活動主義」の影響を受けていたであろうことは、岡が1905（明治38）年に「活動主義的教育主義」（『福岡県教育会会報』第79号、1905年）を発表していたことからも明らかであろう。谷本による自学輔導の唱導を岡が共感的に受け止めることができたことの裏側にはこうした背景が存在するのであり、この時代の教育現場の教師を取り巻く環境や授業改善の動きに注目することの意義を再確認せざるを得ないのではないだろうか。

　岡千賀衛の自学主義教育論は、岡が独自に構築したというのは、必ずしも正しい表現ではない。なぜならこの時代において岡と同様な教育論を構想していた人物は数多く存在していたと思われるからである。例えば、立石仙六と樋口長市が、東京高師附小で1906（明治39）年から1909（明治42）年にかけて実践した自修（習）法研究は、岡の自学主義教育を実践した時期とほぼ重なっていたことからも首肯できる。こうした実践が互いに呼応しながら、自学主義教育は、全国で展開されるようになるのである[43]。

　岡千賀衛や清水甚吾は、高等師範学校教授でも師範学校附属小学校主事でもない、師範学校附属小学校の一訓導であった。ましてや岡は、福岡附小に赴任する前にすでに地方の公立高等小学校訓導でありながら、この頃から彼の実践は小学校現場の教師たちに一定の影響力を持っていた。

明治末期、1900年代に入ると、欧米からの直輸入の教育方法に対し、国内の教育現場での実践研究に関心が集まり、現場実践を中心とした研究のあり方、すなわち、「実験教育学」は沢柳政太郎（1865-1925）や槇山栄次（1867-1933）ら進歩的教育学者らによって積極的に支持された。こうして現場の実践家の研究が耳目を集めることとなり、教育実践を紹介する教育雑誌が数多く出版されるようになった。こうした背景の中で、岡らの実践は注目された。

　岡千賀衛は、自学主義教育をすでに富原小時代に開始し、『福岡県教育会会報』にその論文を掲載し発表していた。この事実は、府県の師範学校から地方の公立小学校へ新しい教育思想や教育方法が伝播していったとする従来の定式を覆すものである。

　これは、教育雑誌における教育実践論文の掲載により、地方の教育家の実践を交流する窓口ができるようになったことが大きな要因となっていたのではないかと考えられるのである。

　福岡を後にした岡は、東京高師附小第3部に配属され、複式学級担任として、その枠組みの中で自学法の研究を行っている。東京高師附小における自学研究の一端は、『複式教授法』（目黒書店、1913年）に発表されているが、清水甚吾のように単式学級において、複式教授法の自習法指導を実践することのよさについて、同書でも強調している[44]。

　東京高師附小における岡の自学主義教育は、第3部における複式教育研究という枠組みの中での自習法研究として限定されたものとしてとらえられ、岡の自学主義教育は福岡時代の自学と自治活動が結びついたダイナミックな実践とは成りえなかった。すなわち、富岡小時代のように「自修時間の特設」を行い、児童の提出する研究課題にもとづく学習の実施は、単独の学級担任の一存では実施することは難しかった。岡が東京高師附属小における複式学級研究会の研究の枠組みの中では、福岡時代のような自学主義教育を行うことは不可能であったのである。

　岡の東京高師附小へ転任後の自学主義教育論の発表は、1914（大正3）年、小林佐源治との共著『複式教授法』（目黒書店、1914年）の刊行を最後として、

管見の限りみとめられない。岡は、1914（大正3）年に、『珠算教授法精義』（大同館、1914年）を刊行しているが、同書の中にも自学に関わる文章をみとめることはできない。おそらく、岡の自学主義教育は、地方にあってこそ発想され、実践されたと思われる。自学・自治が一体となり、自習時間の設置など学校全体で取り組むことのできる環境下において、岡の教育理論や実践は力を持ちえたのではないだろうか。

　岡が去った後の福岡県の小学校現場では、どのような自学主義教育が展開されていたのであろうか。第2章と第3章では、福岡における公立高等小学校の自学主義教育実践を取り上げ、その実践について分析、検討をすることにしたい。

註

1　山門郡富原高等小学校は、1892（明治25）年に創立された小学校で、現在の福岡県山門郡山川町立東部小学校である。山門郡は南に大牟田市、西に柳川市と隣接した地域であり、古くから九州の南北を結ぶ交通の要所として知られていた地域であった。
2　小林佐源治「岡千賀衛君を憶ふ」『教育研究』175号、1918（大正7）年2月。
3　今野三郎、前掲書。
4　同上、3頁。
5　中野光、前掲書、121頁。
6　岡千賀衛『自学輔導新教授法』（弘道館、1909年）には、岡が谷本にどのようなかかわりを持って自学主義教育研究をすすめたか述べた一節がある（同書、3頁）。
7　岡千賀衛「意志修養特に自信力養成に対する卑見」『福岡県教育会会報』第47号、1903年5月、1頁。
8　同上、1頁。
9　岡、前掲『自学輔導新教授法』、1頁。
10　同上、2頁。
11　同上、2頁。
12　慶應義塾の大正新教育運動への影響については、中野光も論じている。（中野光、前掲書、81頁。）
13　岡千賀衛「修身科教授の欠陥」『教育学術界』第10巻5号、1905年、2月。
14　同上、74頁。
15　岡千賀衛「活動主義的教育主義」『福岡県教育会会報』第79号、1905年9月、9頁。

16 樋口勘次郎の「活動主義」関する当時の議論については、今野三郎「活動主義論争」(日本大学教育学会『教育学雑誌』第 25 号、1991 年)や「活動主義論争」(『日本教育論争史録』第 2 巻近代編 (下)、126-151 頁)に詳しい。
17 以下の 3 論文である。
 ・岡千賀衛「単独的公共教育」『教育学術界』第 11 巻 1 号、1905 年 4 月。
 ・岡千賀衛「公共的教育」『教育学術界』第 11 巻 2 号、1905 年 5 月。
 ・岡千賀衛「公共的教育」『教育学術界』第 12 巻 1 号、1905 年 10 月。
18 岡千賀衛「単独的公共教育」『教育学術界』第 11 巻 1 号、1905 年 4 月、60-61 頁。
19 岡千賀衛「公共的教育」『教育学術界』第 11 巻 2 号、1905 年 5 月、54 頁。
20 岡千賀衛「公共的教育」『教育学術界』第 12 巻 1 号、1905 年 10 月、69 頁。
21 同上、71 頁。
22 同上、71 頁。
23 同上、71 頁。
24 この岡の『教育実験界』に連載された「綴方教授法研究」は、全 21 章で構成されたものであり、『教育実験界』第 21 巻 8 号(1908 年 4 月 10 日)から、同、第 23 巻 4 号(1909 年 2 月 25 日)まで、23 回に渡って連載されている。
25 この報告の概要は、「自学輔導法大綱」『福岡県教育会会報』第 126 号、1909 年 3 月)の中でも紹介されている。
26 岡千賀衛、前掲『自学輔導新教授法』2 頁。
27 清水甚吾「附属訓導二十年」『大正初等教育史上に残る人々と其の苦心』東洋図書、1926 年、170-171 頁。
28 福岡県教育百年史編さん委員会『福岡県教育百年史 第 2 巻 資料編(明治Ⅱ)』、福岡県教育委員会、1978 年、512 頁。
29 同上、171-172 頁。
30 清水甚吾「附属訓導二十年」『大正初等教育史上に残る人々と其の苦心』東洋図書、1926 年、170-172 頁を参考に筆者が作成。1908 年度から義務教育が 6 年制になり、1908 年度、清水甚吾が担当した学級は 1906 年度以来の持ち上がりの学級であった。岡は 1908 年 9 月まで福岡県師範学校の 2 部教授学級における担任を務めていた。
31 岡千賀衛『自学輔導新教授法』弘道館、1909 年、5 頁。
32 同上、5 頁。
33 同上、5 頁。
34 同上、7 頁。
35 同上、8 頁。
36 同上、103 頁。
37 1909 年 3 月に立石仙六は樋口長市との共著『自習法並びにこれと関連せる教授法』(寶文館、1909 年)を刊行している。同書序文(1 頁)によれば、同研究は 1906 年より 3 カ年にわたり実験された研究であるとしている。

38　岡千賀衛「自学輔導法」『小学校』第5巻第11号、1908年9月、38頁。
39　同上、41頁。
40　井上友一「自治訓練の方法」『井上内務省参事官講演』博文館、1909年、26頁。
41　1900年代の『福岡県教育会会報』に自学・自治を標榜した小学校での実践研究の報告が数多く報告されている。
42　岡千賀衛「自学自習に関する研究の要点」『教育研究』第74号、1909年、26頁。
43　自学主義教育実践が呼応しながら展開されていたことは、鹿児島県師範学校附属小学校「自習時間の特設」(『全国附属小学校の新研究』金港堂、1910年、167-174頁)や長野県師範学校附属小学校「自修法に対する研究一端」(同、695-732頁)に著されている。
44　岡千賀衛・小林佐源治『複式教授法』目黒書店、1914年。

第 2 章

福岡県公立小学校における自学主義教育の実際（Ⅰ）
―福岡県嘉穂郡穂波高等小学校の事例を中心に―

第2章　福岡県公立小学校における自学主義教育の実際（Ⅰ）
―福岡県嘉穂郡穂波高等小学校の事例を中心に―

第1節　はじめに

　序章でも述べたように、自学主義とは、「1900年代の初期に日本の民間教育運動がつくりだした学習形態論の一つ」[1]であり、「活動的人間像を目標とし、授業方法上子どもの自己学習の大切なることを説くもの」[2]であった。この自学主義は、「明治末の新学校の台頭期に公立小学校現場に少なからぬ影響を及ぼしていった同時代の新方法」[3]であったが、「その内部構造や思想的基盤に就いての研究は未着手である」[4]とみられている。

　自学主義教育の実態については、中野光[5]や川合章[6]らにより明らかにされつつあるが、小学校現場における自学主義教育の実態にまで踏み込んで検討していない。

　また、自学主義教育がなぜ公立小学校現場にまで影響を与えたのかという点についても論じられていない。

　前述のように、福岡県は公立小学校において自学・自治教育が盛んに行われていたが、これまで福岡県の自学教育の実践の実際についてほとんど明らかにされてこなかった[7]。

　かつて、梅根悟が「谷本の『新教育』は大正に入ると共に、まず明石と成蹊において最初の実を結んだのである」[8]と論じたように、日本の新教育運動は、師範学校附属小学校や私立小学校から全国各地に広がったとみられてきた。その後、「全国各地に新教育の小センターというべき学校が続出し」[9]、新教育実践は地方に広がり、大正後期には各地に拠点ができたという日本の新教育運動展開の図式がこれまで描かれてきた。また、梅根は、「明治年間には明石以外には見るべきものはなかった。明石を除けば日本の新教育はすべて大正に入っ

てからのものであるといっていい」[10]と明治期の実践にはほとんど見るべきものはなかったと述べているが、自学主義教育の背景となった樋口勘次郎の活動主義について「どこの学校でどのように行われたかについては、今私はそれを知るに足る的確な資料を得ていない。それはおそらく、どこというセンターをもっていなかったのであろうと思われる」[11]と述べ、梅根の新教育研究の資料的限界がここにあらわれているといえる。

　明治末期の新教育萌芽期の実践「自学主義教育」の実態は充分に明らかにされてきておらず、その実践の吟味もなされているとはいえない。従って、明治末期、福岡県において自学主義教育が盛んであったことを明らかにすることは、新教育拡大の図式を再検討することとなり、その意義が認められるのである。

　また、前章で論じた、自学主義教育の代表的実践家、岡千賀衛の主な実践のフィールドは、福岡県の公立高等小学校であった。岡が自学主義教育実践を展開し、論文をまとめた時期に福岡県の公立高等小学校でどのような実践が行われていたかを明らかにすることは、大正新教育の前史となり、その教育方法原理の礎となった自学主義教育の内実を明らかにする上で重要である。

　本章の目的は、明治末期、「自学主義教育の一大中心地」[12]といわれた、福岡県における自学主義教育の動向を明らかにするとともに、『福岡県教育会会報』に掲載されている、穂波高等小学校（以下、穂波小と略記する）の自学主義実践にかかわる論稿を分析したり、その背後にある教育条件を分析したりすることで、なぜ明治末期、その地方に自学主義教育が展開されたのかについて検討することにある。

第2節　福岡県嘉穂郡における人口増加と公民育成への要請

　明治末期、福岡県では福岡附小のみならず一般の公立小学校においても先進的な自学実践が県下各地で展開されていた。その中でも「明治四十年頃から嘉穂郡穂波小の自学輔導も県下に知られるようになった」[13]とあるように、嘉穂郡穂波小の自学主義教育は注目を集めていた。

　穂波小については、『穂波町誌』に次のように記されている。
「本町における高等小学校は、明治三一年六月、飯塚町十二ヶ村学校組合立として、太郎丸字金旗・中園地区に飯塚高等小学校の仮教場として設立され、当初は民屋で授業していたが、その不便と生徒の増加のため、三一年十二月穂波高等小学校として仮校舎を設立。本校設立は三五年になっている。（嘉穂、穂波両郡で一つしかなかった高等小学校〔明治十九年十二月〕も二五年から四三年の間に郡内で七つ殖えている）三二年の同校の生徒数は、二九〇人で、五学級正教員五名、準教員一名、専科教員一名という記録があるが、四三年三月三一日学校組合が解散して村立の尋常小学校に併置されることになったため、閉校している。同校の校舎は、太郎丸小学校（後の椋本小学校）、椿小学校（後の若葉小学校）、忠熊小学校（後の楽市小学校）の改築、増築の一部に分割されている。当校は、明治四一年から校内役場、校内郵便局、校内販売会などを設置、当時地方的な見地から研究されていた高等小学校教育の中では、生徒の自治心や社会実務指導などの目的に沿った先進的な学校であった」[14]。

　穂波小は、当時から先進的な教育実践を行う高等小学校としてよく知られていた学校だったようである。しかし、1898（明治31）年から1910（明治43）年までの12年間しか存在しなかった学校であった。そのため、これまでその教育実践の内容は明らかにされてこなかった。

　穂波小の所在地である嘉穂郡穂波村は筑豊炭田の炭坑町で、1901（明治34）年に官営八幡製鉄所が稼働を開始して以来石炭産業の隆盛で繁栄した町である。また、穂波村のある嘉穂郡は県内外から多くの人々が移り住み、一大工業

地帯と変貌を遂げた地域として知られていた。「地底亦無尽蔵の石炭ありて、今や盛んに之が採掘をなしつつあり、為に人口の密度縣内の首位を占む」[15]というように、嘉穂郡は産業の進展により、1900年代初頭に数多くの人々が流入した地域である。穂波村は「村内に大規模の炭坑多くして、人口約四万世帯数八千三百有余、實に帝國無比の大村となれり」[16]と、まさに福岡県一の人口過密地域であった。

表2-1は嘉穂郡内町村別の人口の推移を表したものである。嘉穂郡内でも炭坑町として栄えた町村は大きく人口が増加し、穂波村は1900年から1920年にかけての約20年間で人口が7倍強にもなっている。

嘉穂郡の人口増加にともない、児童数も増加している。先述のように穂波小は、1910（明治43）年に閉校されため同校に関する資料は散逸しており、児童数の動向は分からない。しかし、穂波村には楽市男子尋常小学校、楽市女子尋常小学校、椋本尋常小学校、若菜尋常小学校があり、各尋常小学校における卒業児童数についての記録は残っているので表2-2に示しておく。

当時の就学児童の増加と教員の不足、そして教室不足は大きな問題であった。『福岡県教育会会報』（第119号、1908〔明治41〕年）にはこの現況報告がなされている[17]。この報告によれば、1908年度の福岡県下の学齢児童総数は29万2318人、学齢児童中就学児童は24万7827人であった。これに対し、本科正教員2720人、専科正教員118人、准教員557人、代用教員1112人、合計4507人であり、総学級数が3931学級。1学級あたりの児童数が64.8人であった。教員1人あたりに換算しても、54.9人であり、教室・教員不足は、当時深刻な問題であった。この問題は、福岡の近代化の進展に伴う急速な人口増加の問題と決して無関係ではない。

また、福岡市においては、1904（明治37）年6月の第7回市会において、市財政の緊縮上、市内全校二部教授の制度を決定し、同年7月から実施している。このように福岡県では、全県的な現象として児童数増加への対応が課題となっていた。

表2-1や表2-2は、急激な児童数の増加が、1910年頃に起こっていたこと

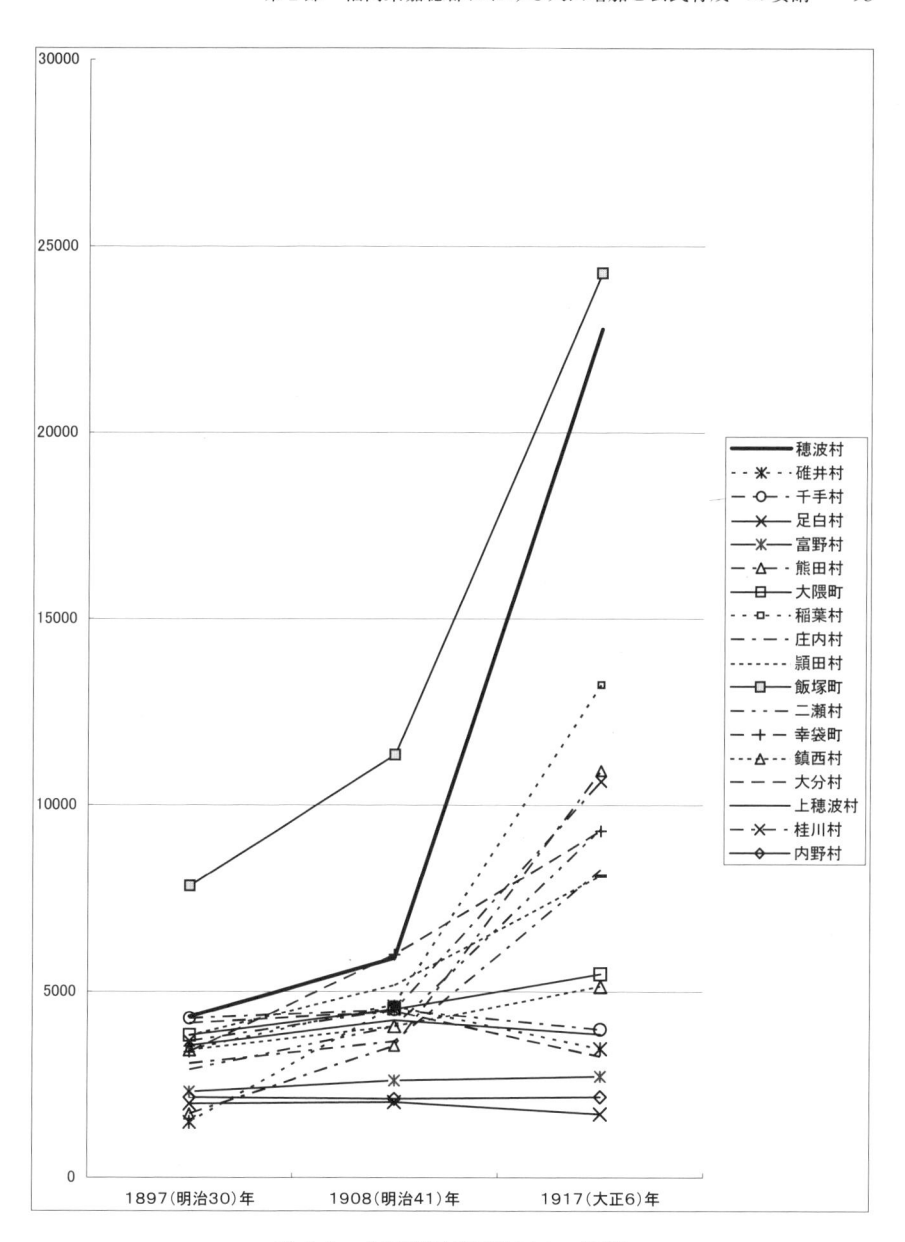

第 2 節　福岡県嘉穂郡における人口増加と公民育成への要請　95

表 2-1　福岡県嘉穂郡人口の推移
（嘉穂郡役所『嘉穂郡誌（復刻）』名著出版、1972 年、90-91 頁を参考に作成。）

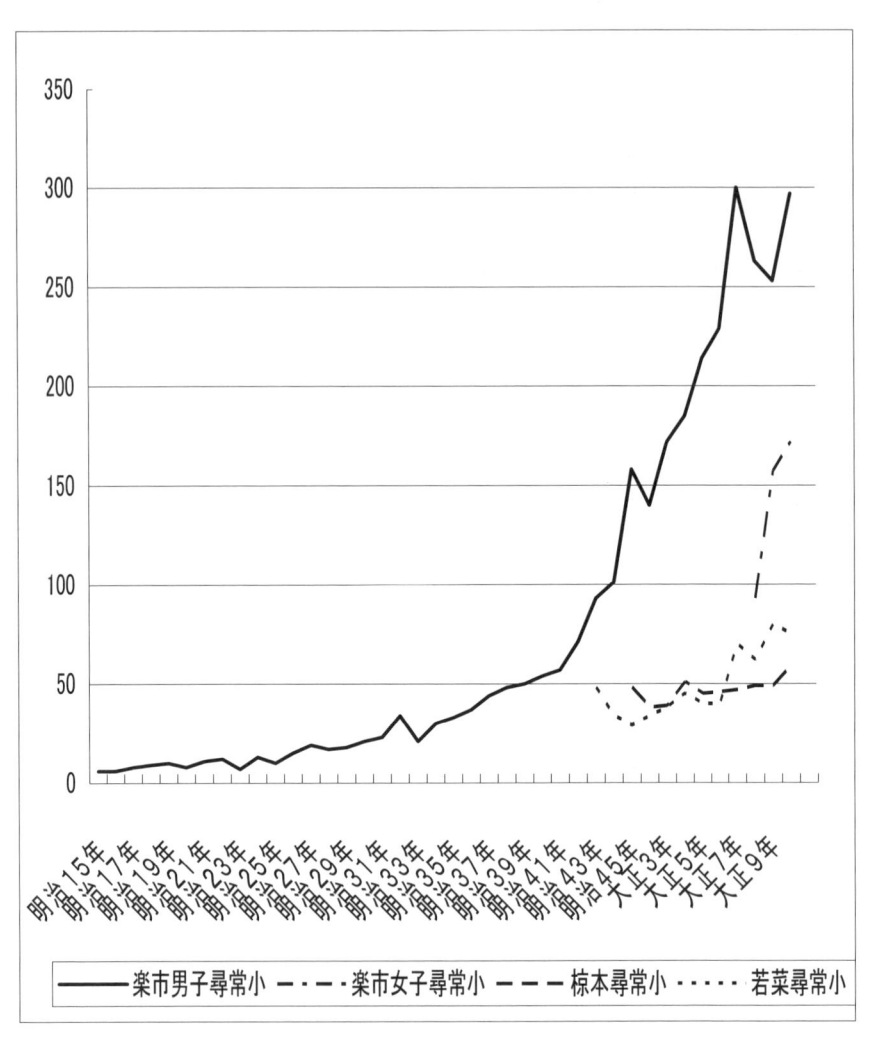

表 2-2 福岡県嘉穂郡穂波村内尋常小学校卒業児童数の推移
(嘉穂郡役所『嘉穂郡誌(復刻)』名著出版、1972 年、575-584 頁を参考に作成。)

を示す表である。

　児童数の増加は、郡内の産業の発展と密接に関わっていた。つまり当時の炭坑業の活況により、数多くの労働者が嘉穂郡に流入し、児童数も爆発的に増加

の一途を辿っていたのである。この流入してきた労働者の子弟子女をどのように学校で学ばせるかについては、地元産業界も深刻な課題として受け止めていた。

穂波村に隣接する嘉穂郡庁所在地である飯塚町には筑豊石炭鉱業組合の重鎮で嘉穂銀行頭取、貴族院議員でもある麻生太吉[18]が居を構えていて、同組合から教育資金を嘉穂郡の小学校へ支出するように働きかけていた[19]。

一方、嘉穂郡当局は、このような外部からの人口流入に対し大きな懸念を抱いていた。

「採炭事業の興隆に伴ひ、郡内物質上の進歩著しく、福祉増進の途、漸く開かれんとするに従ひ、下等労働者、或いは浮浪無頼の徒、本郡各所に出入徘徊して、郷薫の良風を壊り、子弟の陶冶を害し、郡民又撓倖を希ひ、淳朴の風を失ふに至らんとする傾向あり」[20]。

このように、寄留民の多くなりつつあるこの地方に、郷土を愛し、積極的に地方自治に寄与する人材を育成する、自治民育の声が高まることはごく自然な成り行きであった。

児童に自学自治を通して、活動的な教育をめざす動きは、実は教員だけに見られた動きではなかった。興味深いのは、地方の産業興隆の中心となった人々が新教育に関心を持ち、積極的な動きを見せていた点である。

例えば、1907（明治40）年12月、岡山県倉敷の富豪であった大原孫三郎は当時、毎月1度の「倉敷日曜講演会」を実施し、新教育運動のリーダーであった谷本富を招聘している。また、福岡県嘉穂郡でも1908（明治41）年8月、谷保馬（嘉穂郡郡長）、芹澤政衛（嘉穂中学校長）や麻生太吉、伊藤伝右衛門ら炭坑により財を成した富豪らが、谷本を招き、嘉穂郡飯塚町において教育講演会・茶話会を開催し、800名余の参加者を集めている。麻生太吉はさらに自宅において谷本の教育演説会を催している[21]。このように明治末期に福岡などの地方の富豪や郡長らが中心となって谷本富らを招聘し、教育講演会や懇談会

を実施して新教育における「自学・自治」、地方自治における「淳風発揚」について谷本の講話を聞く機会を設定していたと言う事実は、新教育運動と自治民育の問題が密接に関わっていたと考えられる。

　明治末期、学校教育については、1888（明治21）年の市制・町村制の制定に関連して公表された「市制・町村制理由」によって、教育は市町村固有の事務ではないとされていた。1890（明治23）年の小学校令においては、教育の目的・方法・教則・教員・児童生徒等の内的事項は文部省の権限であり、施設・設備・財政等の外的事項は市町村の責任であるとされた。ところが、学校教育が文部省の権限、すなわち国の権限において展開するという建前を超えて、地域社会から積極的に教育の内容に関わろうとする動きが、1900年代初頭には表れ始めていた。学校の枠組みを超えて、実社会の中から教材を求めたり、学校の中に、実社会の仕組みを直接学ぶ施設を持とうとする内部からの動きも表れるようになった。

　なぜ、地域の実業界、官吏といった教員以外の人々がかくも教育に関心を持ち、積極的に関与できたのだろうか。

　この一つの答えが、次の引用資料「福岡県教育会規則」の中にある。福岡県教育会は、1888（明治21）年5月12日に発足している。同教育会規則は以下の通りである。

福岡県教育会規則

第1条　本会は県下の教育の気脈を疎通し其の改良進歩を企図し併せて教育事業を振起するを以て目的とす。
第2条　本会は福岡県教育界と称し本部を福岡区に置く
第3条　本会の目的に同意の者は何人を問わず会員たることを得
第4条　徳望学識ある人にして本会に裨益ありと認むものは乞うて名誉会員とす
第5条　本会を分ちて本部会支部会の二とす

第2節　福岡県嘉穂郡における人口増加と公民育成への要請　99

　　　　　　　　　　　（中略—引用者）

第10条　本部会の会長副会長評議員は広く会員中より公選し、其の任期を二ヶ
　　　　年とす。
　　　　但し、改選のとき前任のものを重選することを得

　　　　　　　　　　　（以下略—引用者）

　通常、県教育会の会長は、県知事や師範学校長などが務めることが多く、公選制は珍しい。また、何よりも、会員は何人を問わないことになっているところは全国的にみても珍しかったようである。
　1908（明治41）年、河野齢蔵と佐藤熊治郎は「九州地方教育視察報告（第1回）」において、福岡県教育会について次のように著している。

「会員の多方面で且つ数の多いのは福岡県である。町村長、郡会議員、郡長（支
　会長）、県会議員、中小学校教員、県官其他の有志で、大凡五千中約二千は
　有志者であると聞いた。会長は元県会議員の弁護士であるのは、一寸他方と
　は違った点とおもふ。県教育事業に関する輿論の製造元が県教育会であり、
　又県会も県当局者も、其輿論を尊重してどしどし教育事業の拡張を図るのは、
　其会員の種別の上から見ても当然のことであろうとおもふ。実に羨ましい次
　第である。四三年度には福岡に共進会が開かるるといふので、その時までに
　教育会事務所を建築するといふので、会員は強制的に俸給十分之一を五ヶ年
　間継続して出すことになってをり、既に七八百円集つてをると耳にしたよう
　におもふ。他の諸県は概して、小学校教員、又は中小学の教員が会員の大多
　数を占め、別社会の人は、ほんの御印にしかすぎんやうである」[22]。

　長野県は、1907（明治40）年11月から12月にかけて、九州地方の教育視察を行い、『信濃教育』第255号より第262号（第260号は除く）に7回に分

けて視察報告を掲載している。この報告書にみられるように、福岡県の教育会の構成員は独特で、教員以外の会員が多い。このことが、実業界、県、市町村の当局者が、積極的に教育活動の内容にまで関与できる土壌となっていたのであろう。詳細は後述するが、福岡県の教育には、学校図書館、学校博物館、学校園など、施設面で非常に充実していた様子がうかがわれるのであるが、これは、こうした教育会に教員以外の有志者が数多くいたことによるものであった。以下の表2-3は「福岡県教育会会員の推移」を示した表である。

表2-3 福岡県教育会会員数の推移

年月日	教育関係者	有志者	合計
1902（明治35）年5月1日	3,895	1,178	5,073
1911（明治44）年9月1日	6,274	4,947	11,221
1917（大正6）年7月24日	7,316	6,972	14,288

福岡県教育百年史編纂委員会『福岡県教育百年史　第5巻通史編Ⅰ』福岡県教育委員会、1980年、864頁より引用。

　明治末期、自治・自学を旨とした教育に対し、市町村や地元炭坑主などの実業家、篤志家が学校教育に対して積極的に関わり、支援していた。小学校が、地方行政や地方の篤志家によって手厚い支援を受けていたことが、自治・自学を旨とする自学主義教育の後押しをすることとなった。自学主義教育の代表的唱道者である谷本富を、嘉穂郡の炭坑主や嘉穂郡長が招聘し、教育講演会を開いていたことからも、彼等が自学主義教育に大きな関心をもっていたことが推察されるのである。

第 3 節　穂波小における自学主義教育

3-1　穂波小における「自学観」

　明治末期、福岡県では自学教育に関する研究が盛んに行われていた。『福岡県教育会会報』には、公立校による自治・自学に関わる研究実践報告が数多く見られる。

　その中に穂波小に関する報告が四点報告されており、当時、穂波小において自学研究に力点の置かれた教育が展開されていたことが分かる。

① 嘉穂郡穂波高等小学校「自治自学に基ける新教育方案」『福岡県教育会会報』第 120 号、1908 年 9 月。
② 湯浅俊太郎「嘉穂郡穂波高等小學校を観る」『福岡県教育会会報』第 125 号、1909 年 2 月。
③ 湯浅俊太郎「県下各小学校の実際 (8)—(12)」〔嘉穂郡穂波高等小学校 (1)—(5)〕『福岡県教育会会報』第 129-134 号、1909 年、5-9 月。
④ 穂波高等小学校訓導村山増吉「機會均等主義学級輔導法」『福岡県教育会会報』第 140-142 号、144-145 号、第 147-150 号、1910 年、1-10 月。

　①の論文、「自治自學に基ける新教育方案」によれば、これまでの教育では「感情意志の陶冶有効ならざりしこと」「知識の輪郭のみを大にし、却りて小なりしこと」「児童の個性を無視したること」の三点が欠けていたことを反省し、穂波小では、次のような「新教育」を主張している。「新教育」は「個性尊重の教育」であるが、個人主義と国家社会主義は衝突するものではなく有機的関係を有するものであり、個性を尊重し個性を発揮することは社会国家に適応してこそ意義があると考えるものであるとして、「全体が皆道徳的信念に統一された活人物を養成するのが新教育の趣旨である」とその意義を強調している[23]。

そして「新教育」において、具体的にいかなる教授、訓練により達成するかについて次のように述べている。

「児童の自由意志自助の精神に基いた行為には、可成的剪剃を加へぬよーに指導し、自らの努力により自己を發展せしめんとする學習は、其性に順ふて輔くることが必要である。前者は即ち感情意志を修練し、品性を陶冶する方便で、自治指導といひ、後者は心意の整理擴張を主とするもので、自学輔導といふのである。何れも其目的を達するに最上の方便である」[24]。

穂波小では自学の意味について次のように定義する。

「自學の第一の意味は、授業時間は自己の研究時間で、先生から習う時間ではないといふ自覚を與ふることで、第二は制裁壓迫なく余儀なくせらるるにあらずして、自ら豫習復習すること。第三は全上自己の趣味によりて、創意考案せしむる最も平和な意義である。然り而して輔導とは自學の方法を暗示し、または示指するの謂である」[25]。

このように、「自学」にあたり、授業は自己の研究時間であることの自覚をさせること、自ら予習復習すること、そして、自己の趣味によって創意考案することが必要であり、そのためには自学の方法を暗示し、指示する輔導が必要であると穂波小は主張しているのである。

3-2　穂波小の「自治訓練」

　穂波小の校訓は「至誠にして克く働く人となれ」であり、そのために、教授主義としての「自学輔導」、訓練主義としての「自治指導」を掲げていた。
　同校を卒業した後、就職する児童が大部分を占め、公民育成をめざした穂波小では自学的な学習場面と自治的に実務練習を行う学習場面を設定していた。

②の論稿「嘉穂郡穂波高等小學校を観る」には、穂波高等小学校の具体的な自治訓練の様子について『福岡県教育会会報』の編集主任湯浅俊太郎[26]により報告されている。

「校内郵便局は、郵便物差出口から其の仕構へ方までが實際局の如くに出来てゐて、そこで郵便物差出及取扱の練習をやらせる。そこで或生徒と或生徒との間に書信の往復をなして、互に不審の尋ね合ひなどをしてゐるのである。それから校内役場（校内自治團役員の應接所もここにあり）これも其設備がチャント出来ておって、納金差出口なども實際の通に出来てゐるから、組合役場から授業料を収入のために、学校へ出張した時などは、此の役場にて取ることになってゐる。而して通常は校内自治團の事務練習をする所になってゐるのである。それから校内株式會社（購買會社）これは生徒の学用品を實地に販賣する所で、其資金は一株貳拾銭宛として株券を募ってゐる、其株券百個之を資本として學用品を購入し、實際の便宜を謀ると共に、株組織の大要を知らせ又簿記の練習をやらすることにしてゐるのである。次は校内圖書館、まだ書籍が十分に集ってゐないから、校外貸出はせぬが、校内にて時を定めて自由に之を閲覧し得るやうになってゐる。其取扱は全く生徒の自治であって、教師は時々監督的に之を検閲する外、貸付返却等少しも干渉しないとのことである。（中略—引用者）次は校内博物館、これは同校唯一の設備であって確かに名物の一として数へることができる」[27]。

このように、穂波小の自治訓練は、地方自治体の自治組織や実際の購買組合で株式会社組織に近い体験ができるような本格的な組織を教育の場面として設定しているところに特徴がある。

また、同校の児童の様子について、湯浅は次のように報告している。

「児童もまたよくその気になって勉強をしてゐるのが感ずべき所である。何せ自学自治といふことはよいことは極っているが、唯自學せよ自治をやれと

いった所で出来るものではない。これには相当の指導が要る、指導にはまた必ず相當の奮励がなかればならぬ。僅かの参観ではあるが、其の授業の實際が講釈的教授でなく、蓄音機的教授でなく、生徒は聞人となるの流儀でなく、多問多答の流儀でなく、生徒自ら学習の主人公となって、教師は全く指導の位置に立ってゐることが見ゆる、余は實に愉快を以て其の授業を参観した」[28]。

このように湯浅が絶賛し、「生徒自ら学習の主人公」となっていたといわれた穂波小の教授はどのように展開されていたのだろうか[29]。

3-3 穂波小の自学のための「教材選択・配列」観

穂波小では、「教材選択・配列」に関して次の三つの点から言及している[30]。

一つめは、「通有材料の吟味及び特殊材料の付加について」である。国定教科書の有効な活用を目指すと同時に、これが全国通有であるが故に地方には不向きな点もあることから「地方的材料」の付加を主張した。また、各人皆同一に通有すべきものと個人の特に有するべき教材を選択すべきで各自の心身に適応する個別教材の必要性を強調している。

二つめは、「自学の動機を与える教材の付加について」である。自学の動機を与える教材として、次の四つの観点から教材を採用すべきであるとしていた。

① 児童心身の要求に適応するもの及び発達の程度に応じた教材
② 児童の境遇に適し、活用の区域が広い教材
③ 地方の状況に適する教材
④ 高尚なる思想を養うに足る教材

最後の三つめは、「自学の余地を与える教材の付加について」である。自学の余地を与える教材として次の三点を挙げている。

① 欠陥、搾取、填充、発見の余地のある教材
② 選択、追求、完成の余裕のある教材
③ 総合、約説、機能、推測の可能な教材

　穂波小の「教材選択・教材配列」では、子どもの「国定教科書」だけでなく「地方的材料」を加味すること、「共通教材」だけでなく個に応じた「個別教材」を採用すること、そして「自学の動機を与える教材」「自学の余地を与える教材」を配列することを重視していた。穂波小の自学が、方法論としてのみ考えていたわけでなく、教材の質、教育内容、カリキュラムに関わる内容にまで言及していたことについては注目されるべきであろう。個々の児童の心意に即する教材を教科書以外からも求めようと努力していた教師達の様子がこの穂波小の報告から窺うことができるのである。

3-4　穂波小における自学のための「教授上の注意」

　穂波小では「教授上の注意」に関して次の5点について主張している[31]。
　一つめは、教授上において、「自学の動機を与ふること」である。刻々と変化していく子どもの瞬間における児童心意の状態に注意し、自学の動機を与えることが必要であるとしている。
　二つめは「自学の動機を多からしむること」である。
　自学の動機を数多く与え、自学の輪郭を与えることを主張し、次の四点の機会を挙げている。

① 根本を授けて他を類推せしめる「演繹的機会」を与えること
② 個々の全般を与えて真理を抽象せしむる「帰納的機会」を与えること
③ 骨組を示して筋肉を附せしむる「敷演の機会」を与えること
④ 総体を示して要綱をつくらしむる「約説の機会」を与えること

三つめは「机間巡視を有効にすること」である。散歩的巡視ではなく、机間巡視により真に個人対個人の実を挙げることに注意しなければならないとしている。
　四つめは「結果に注意を払うこと」である。創意考案を尊重し、結果に対して快感を与えることが大切であり、「勤勉忍耐創作の努力は創意考案の卵である」と主張する。これを承認賞揚することが至当であり、失敗成功にかかわらず認め賞賛することが必要であるとしている。
　五つめは「輔導上の注意」である。「注入式と開発式の両者を併せ用いて、その利点のみを採用する」としているが、「如何なる時に如何にするかは、教師の機転に任せるべき」であり、教師の力量が求められることを指摘している。
　この中で注目されるのは、教師がいかに子どもにかかわるかということを重視している点である。「刻々と変化していく子どもの瞬間における心意の状態に注意し、自学の動機を与えること」や「失敗成功にかかわらず認め賞賛することが必要」であること。そして「如何なるときに如何にするかは教師の機転に任せるべき」など、児童の心意と教師の関わり方に自学指導の本質があると述べている。従来、自学が全く子どもに任せたままだったり、級長等の管理により行われていたことを考えると、ここに大きな違いが見られるのである。

3-5　穂波小における自学のための「環境整備」

　児童が主体的な学習を展開するためには、自学の動機を与えることと同様に、自学を保証する環境を構成することが必要となる。穂波小ではこうした環境を構成するには自学の参考に資する材料を装置しておくことが大切であり、年代図、地図、略字表、筆順表などを教室に掲示しておくと便利であるとしている。
　教具の準備としては、教師の手により準備する場合や教師と児童が共同で蒐集作成する場合、そして児童が準備する場合があるが、何れの場合においても、労力を費した「活材料」の方が効力は大きいとし、環境構成には十分な配慮が必要であると述べている。

また、子どもの前に教師が出る前に、どのような心構えをして臨めばよいかについて、次の6点にわたり指摘している[32]。

① 本教授の目的は如何なる点にあるか、且この目的を達するに当たって教師自身の準備は充分なるか如何
② 本教授の前後、教授に対する関係は如何、及び是等の関係を輔導自学せしむるには、如何なる手段を要するか
③ 本事項を了解するに、児童の最も困難とする点は如何及之を例解する材料は如何にすべきか
④ 本教授は如何に児童を輔導発展せしむるべきか、天才発揮、低能舒長の差別的手段は間然する処なきか
⑤ 本教授の目的は児童の如何なる能力を練習し、如何に応用せしめて、後来の実用的活動知識となさしむべきか
⑥ 教授者は其用ふる言語を正しう発音し、且つ其用ふる文字を悉く正しく書き得るか如何

　穂波小では、子どもの前に出る教師の心構えをも教育の環境づくりとしてとらえており、子どもの自学を保証する学習環境ととらえていた。自学は決して指導の放棄ではなく、むしろ自学の実施には高度な教師の指導力量が必要とされていたのである。

3-6　穂波小における自学実践のための教員相互の「共通理解」

　穂波小では、以上のような実践を各学級・学年相互に共通理解しながらすすめていくために「同年級打合会」を毎週土曜日の放課後に2～3時間行っている。
　この会の進行の要項は以下の通りである[33]。

①　材料の目的について
　　・通有材料：主目的討究、副目的討究
　　・特殊材料：地方的材料の目的、個別的材料の目的
②　材料選択について
　　・通有材料の深究：教授敷延すべき要綱、取捨前後すべき要綱
　　・特殊材料の精選：地方的教材、個別的教材
③　材料取扱について
　　・準備：教具の調査、準備の方法、学校備品の有無及びその取扱方法
　　・提示：自学輔導の大輪郭を打ち合せ
　　・処分：使用後展覧の方法、保存安置の方法
④　注意事項
　　・前後教授との関係をつける上での注意
　　・能力練習の類別、及びこれに対する諸注意
　　・差別的取扱い上の注意
　　・教授後の処分に関する諸注意

　穂波小では、職員間で意志疎通を図り、自学力をつけるための教材の目的、選択、取扱、指導の注意事項について毎週打合せをしている。「自学輔導は本校教授の主義なれば、右記各項に注意しその主義を一貫せしめんことを期すべし」[34] には、自学輔導主義が教育活動全体を一貫することを強調している姿勢がよくあらわれている。
　このように自学主義教育を学校全体で取り組んでいた穂波小であるが、学級や児童の実態にあわせて細部においては担任の工夫に任されていたようである。

「大体は之で打合わせするが、其他は教師と児童の事情に応じて学級化して戴きたい。前項を細微の点まで画一にするのではないから之を立場として大に各級の特徴を発揮されんことを希望しておく」[35]。

というように、定式にとらわれた、画一的な自学輔導論ではないことを強調している。

　明治期は教授の領域においても学校長の意向が強く働いていたのであるが、「教師と児童の事情に応じて学級化していただきたい。…（中略—引用者）…大いに各級の特徴を発揮されんことを希望しておく」とあるように、児童の実態に明るい学級担任による裁量を認めていることがこの文面から窺える。

　宮坂哲文は、明治末期の段階では校長が教授、訓練、用語に関して方針を立て、学級経営は学校長の意見が隅々まで浸透するための上意下達の手段として意義づけられていたと、大元茂一郎の著作を引用して述べているが[36]、この穂波小では、自学実践を展開するにあたり、まず職員間で教材の目的、選択、取扱、指導に関して毎週打ち合わせた後、細部においては、学級担任の裁量に任せたものとなっている。

　宮坂は、1912（明治45）年に澤正が『学級経営』という著作を発表したことを重要な転換期であることを強調した。特に、澤が「一定の方向輪郭を示した以上、細目にわたっては学級経営者の経営を尊重し、これに任ぜしむる所がなくてはならない」といった点に注目し、学級担任者の教権尊重を主張したことを評価しているが[37]、学級担任者の教権尊重は、1908（明治41）年、自学主義教育が展開されていた穂波小でも共有されていた態度なのである。

　ここからも、穂波小の自学主義教育の先進性を窺うことができるのである。

第4節　穂波小訓導村山増吉の「機会均等主義学級輔導法」

4-1　村山増吉の学級輔導方針

　では、実際に穂波小における学級実践は、どのように展開されていたのだろうか。穂波小の学級教授・学級経営についての記録が残されているのは、第3節で述べた④の文献、同校訓導村山増吉による学級輔導法の研究報告のみである。ここで、穂波小訓導村山増吉の自学主義教育を取り上げることにする。

　前述のように、穂波小の研究は、画一的な自学輔導ではなく「教師と児童の事情に応じて学級化」し「大に各級の特徴を発揮されんことを希望」したものであった。従ってここで紹介するのは、村山学級における学級輔導法と考えるべきであろう。

　ここでまず、村山が「学級輔導の方針」として述べている点についていくつか特徴的なものを挙げておきたい[38]。

第一　（省略—引用者）
第二　吾人は、教育は、全然児童のために施さるべきものなることを確信する。
第三　吾人は、教育は児童の個性に応じて全児童に均等の機会を与ふべきものなきことを確信する。
第四　吾人は、児童の個性に応じて、それぞれ自我を発展せしむべきものなることを確信する。
第五　吾人は、児童に共存同業の恩を感ぜしむるものなることを確信する。
第六　吾人は、かかる条件を満足せしめ得べき訓育は、必ず自治指導でなからねばならぬと確信する。
第七　吾人は、児童の個性に応じてそれぞれ智能を発揮せしむべきものなることを確信する。

第八　吾人は、かかる条件を満足せしめ得べき教授は、必ず自学輔導でなかられねばならぬと確信する。

(以下略——引用者)

　この「方針」の中に、「児童の個性に応じて」という言葉が頻繁に記されている。村山の視線の先には、一人ひとりの子どもの姿がそこにあったのである。村山は、子どもを活かした、自治指導、自学輔導でなければならないという点を強調している。

4-2　村山増吉の「学級自治」に関する方策

　穂波小では、自治指導の一環として「学友会」を結成していた。これらの学友会は児童の自発的活動によって行われることになっている。

「積善ノ実ヲ挙ゲ学習上ノ親密ヲ図ラムガタメ第四学年男子ヲ以テ、学友会ヲ組織ス[39]」。

　学友会は次のような八つの部に分かれており、4年生以上の男子は、全員いずれかの部に所属することになっている[40]。研究部はさらに以下のような5つの教科研究部に分かれている。

　一　研究部
　　①国語研究部、②地理研究部、③理科研究部、④算術研究部、⑤技能研究部
　二　図書部
　三　編纂部
　四　談話部
　五　運動部

六　学園部
　七　整理部
　八　会計部

　この学友会は、教授においても大きな役割を果たし、児童が主体的に教師と共に学習活動に参画できるような組織となっている。また、会計部員が毎学期、始めに各部の要求を査定して予算を編成し、級議会に諮るという作業を行っている。学友会各部の予算要求に基づいて審議し、会費の徴収、決済を行っている。このことからもかなり、実社会を意識した本格的な自治団であったことが推察される。
　村山学級には学友会の他に「自治班」があった。これはそれぞれ3人から7人で組織したもので優劣混交の学級における生活班であった。自治班について村山は次のように語る。

「我国現時の自治制を見るに、府県の下に郡あり、市町村ありて、其小なるに従って自治は漸々完全に近づいてゐるやうであるが、わが校に於ける自治制も亦然りで、校内自治団は最上級の自治体である。学友会に次ぎ、自治の極致とも云うべきは即ち自治班なのである」[41]。

　「校内自治団」「学友会」「自治班」を、府県、郡、町村等の自治体にあたると村山は述べている。これは学校における自治活動が当時の内務省が積極的に進めていた地方改良運動に影響を受けていることを示すものである[42]。つまり、当時、学校、学級における自治活動を進める教師は地方自治における「自治民育」を意識していたのである。福岡県は急速な人口の増大で新たに市制・町制をひく自治体が多く、公民教育が周辺部に比してより求められた地域でもあった。穂波小では一人ひとりの児童に役割を与え、自治的に活動する児童像を理想的と考えていたと思われる。大正新教育において児童自治に力を入れた学校は少人数による自治制を敷いていたが、穂波小においては、大人数であること

の不利を輪番や、役割分担の細密化によりカバーしていた。そして村山学級では、級長を置かず、この輪番の日直がその任務にあたっていた。当番の机は教師用の机に隣接させ、談笑などを通して、その「箇性」(ママ)を観察しリーダーとしての適性等をみたと村山は述べている。

4-3 村山増吉の「自学輔導法」

　各教科の輔導は、児童に対し、「学習法」を指導することとなっている。学習法は大きく分けて「何故に学ぶか（目的）」「どうして学ぶか（方法）」の二段階となっている。

　知育に関する輔導においては「児童をして自ら進んで学習の準備をせうと欲する念を起こさしむるやう、努めてゐる」として、家庭での学習の準備と共に学級でも学習の準備のための方法を工夫している[43]。例えば、村山の学級では、教室の隅に絶えず実物標本を陳列し、実験装置を設け、その後に説明書を下げておき、その略解や観察要点を示したり、絵画や写真を掲示しておいて研究資料に利用させている。

　児童に自らすすんで学習の準備をさせるために、学友会は大きな役割を果たしていた。先に挙げた「学園部」は、この教材などの保管管理を行う自治団であり、学習材料蒐集の状況、学習材料の表示法の良否、学園利用の有様などを「学園部記録」に記録し管理することになっている。

　この学園部と並び「研究の羅針盤」とされているのが「図書部」である。穂波小は学校図書館も所持していたが、「学友図書部」を設置し、「学級として特に適切なる図書は各学友図書部に之を蒐集しなければならぬ。…（中略―引用者）…学友図書部は會員の委託図書を保管して会員相互間に換読の便を與へてゐるのである」[44]として、学校図書館とは別に、村山学級では独自に図書部の管理のもと、学級で必要な図書の相互貸借を行っていたのである。この取り組みからも分かるように、村山は独自性を発揮した学級自治、学級教授活動を展開していたようである。

村山学級では、児童が自学をするための、教室環境の工夫（教材の提示、実験装置の設置、學友会図書部）をした上で、これらの設備を遺憾なく利用させるために正規の学習時間以外にも自習時間を設け、始業前１時間を随意に研究する時間としている。しかし、それ以外の時間はしてはいけないというわけではなく、全く随意に任せているのが実状であると述べている。

　村山学級では、こうした自学の中で生じた疑問は「共同研究録」に記すことになっていて、了解した児童がこれに対する答を記入し、もしこの答が間違っていたり、誰も答える者がいなければ教師が答を与えた。

　もしこの問いが、学習時間（教科の授業）に関係があれば、教師が授業で扱い、関係なければ、「共同研究録」に記入しておく。また、各自が学級の設備及び図書館、博物館、学校園を利用して得た研究の成果は各自の「研究録」に記入することになっていた。この「研究録」は「学習時間に於ける研究資料」となり「筆記帳の精確なる敷衍材料」となり「創意考案の豊富なる材料」を提出し「諸設備、諸集會の円満なる活用及び経営の方案」ともなる。「研究録」は随時教師の検閲を受けることになっており「研究録」はいわば、「自由研究帳」「自学帳」ともいうことができる。

　児童に「研究録」があるように、教師も十分なる準備が必要であり、教材研究などをおこなう必要がある。そこで村山は、まず「教材研究録」を作ることを主張した。

　村山は、明日の授業をどうするのかといったものではなく、あらかじめ全学年全教科にわたって、縦に横に十分な研究をすることが大切で、全校の教員連合で各科分担研究して互いに発表する必要があると述べている。また、普通教材のみならず「郷土研究録」を作成し、教材の選択や輔導の方法も郷土の研究を通して導き出す必要を主張している。

　また、教師はそれ以外にも常に注意して断片的資料をもよく蒐集しておく必要があると村山は言う。例えば、地理書の事実は日々新しく訂正・増補され、活きている歴史は次々新しい頁が加えられていく。新聞、雑誌にはよく目を通し、新しい知識に目を開き、それに加えて地方的材料を蒐集したり身近な具体

的事項を引用することに役立てることが肝要であると村山は主張する。このように集めた学習材料をいかにして選択しいかに配列したか考慮、決定して記したのが教案である。教案には週案と日案があるが、穂波小では「輔導日案」を採用している。日案には、

① 主目的、
② 輔導要項、
③ 高格児に課すべき補加材料、
④ 低格児に課すべき予備材料、
⑤ 処置と其結果に対する所感

が記されている[45]。

このように、穂波高等小学校では、児童の能力に応じた教材を配分し、その処置と結果に関して適切に評価することをめざしていた。個に応じて教材は用意され、学習が自学輔導によって行われることを目指していたのである。村山は、教授の上での個別化・個性化について次のように述べている[46]。

「同仁的の平等でなくて、各自皆その個性に応じて、真に均等の機会を与へ、天賦の智能を発揮せしめんことを希ふのである故に其材料及び方法は大体に於て統一せらるべきは無論であるが、其れと同時に各々個性に応じて個別化せらるべきである。而してかかる個別化はただ自学輔導によって行はるべきものであると信じてゐる」。

個別化するには、個々の児童が自らの意識を高く持ち、積極的に学習に取り組む姿勢が重視される。そこで、村山が児童に日常学習する標準として「通有点」を与え、各教科において意識させた。「学習法大要」である[47]。

第一、時間を空費せぬこと

第二、学習法をよく適用すること
　第三、種々の方面から研究すること
　第四、諸施設を活用すること
　第五、必ず自己点検すること

　村山は、これまでの教科の学習が「兎角内容に重きを置き過ぐる嫌いがある」ことを指摘した上で、形式面を重視し、学習法を習得させることを目指していた。
　ここで、例として「読方の学習法」を引用してみよう[48]。

【準備通則】
一、自習字典、常用文字、音訓仮名遣、漢和大字典、言海を準備すること
一、塗板上に二段又は三段の横線を引きおくこと
【学習法】
（一）何故に学ぶか
　　読み方は普通の言語日常須知の文字及び文章を了解するために学ぶのである。
（二）どうして学ぶか
　①　教科書を一通り読んで大意を考へること
　②　読み方をしらぶること
　③　難字句の讀方組立筆順をしらぶること（字書を用ひよ）
　④　讀み方を練習すること
　⑤　書き方を練習すること
　⑥　全体の意味をしらぶること
　⑦　難語句の意義をしらぶること（辞書を用ひよ）
　⑧　事柄を了解すること
　⑨　文語と口語との関係をしらぶること
　⑩　話し方を練習すること

⑪　難語句を用ひて短文を綴ること
⑫　文法についてしらぶること
⑬　仮名遣をしらぶること
⑭　文章の段落と構成とをしらぶること
⑮　文章をよく味ふこと（数回読み返して佳句を抜書せよ）
⑯　文章の改作約説布衍をなすこと
【練習法】
一　書取練習、二　彙類練習、三　熟語練習、四　短文練習、
五　仮名遣練習、六　變形練習

（傍点―引用者）

　この「読方の学習法」からも分かるように「しらぶること」という言葉が頻出している。このことから、児童に調べさせることを重視していることが分かる。村山は、同様に各教科について児童が自ら調べることを重視した「学習法」を提示している。そして、これらの学習法に付随し、子どもの学習の意欲化を図るための方略が示されている。例えば、算術科の学習環境として、次のような配慮をしている[49]。

　「本科（算術科）の目的を達するには、豫て数量の直観的施設をなしておくことが最も必要である。尚時価表などを調製して置くなども有効である。故に我級では、面白い調べ、時価表（実測と概測の項参照）の二つを掲げ、尚、簡易なる天秤及び身長計（メートルと尺度）を設備してゐる。その他、机、腰掛、塵籠等はすべて實測して、其長さ、面積、体積等を記して数量の直観に資して居る」（括弧―引用者）。

　また、綴方学習では、実地的に練習させるために、先述の自治団の「国語研究部」の事業として「百題函」を設けている。これは、学校新聞の原稿を投書するものである。以下説明を付しておく。

「国語研究部の事業として『百題函』といふものを設けてゐる。即ち函の中に文題を記した紙片を入れておいて、随時その箋を抽かしむるのである。そしてその後三日以内に文を綴って手紙の文は校内郵便に附し、普通文は学校新聞に投書せしむることにしてゐるのであるが、校内郵便は必ず発信者所属の担当訓導の検閲を受くることになってゐるし、学校新聞は幸い吾人が主幹してゐるので在るので、共に酊正してやることができるのである」[50]。

村山学級の教室の後方には、2枚の練習用小黒板が用意されている。休憩時間には全児童に開放され、学習時間には、1枚は「低格児」の特別輔導用に、もう1枚は「高格児」の自由練習用に用いられている。「低格児」向けの小黒板には、例えば算術応用問題における問題分解を記しておき、問題を容易に解かせるための方便とし、綴り方応用文においては、綴り方を学習する上での必須項目などを記しておくことにし、学習輔導の一助にする。「高格児」向けの小黒板に自由練習をさせるのは、雑記帳での応用練習では怠りがちになるのに対して、全級の前では意欲的に練習するという子どもの性質を利用してこの形を取っていることを強調している[51]。

また、教室後方の隅を利用して三角に囲い、砂箱を設置し、児童に自由に創作させたり、地図や挿し絵を描かせるスペースを作り、児童自らに学習環境、教室の装飾を行わせるようにさせている[52]。こうした環境を整備し、子どもたちには学習時間中においても、輔導に差し支えない限り、教室内の施設はもちろんのこと、図書館、博物館、学校園等に出向いて研究することも許可し、存分に活用させていると村山は述べている。

一日の学習を振り返り、学び習得した事実について村山は、毎日放課後に「回顧録」を記入させて提出させ、教師の検閲をうけた後、父兄の認印をうけるようにさせている。児童の学習した筆記帳は教師の検閲を受けるのであるが、先に述べた学友会の各研究部員に毎月一回以上検閲させ、特に必要とする会員に特別課題を課すことができるとしていた。また、博物陳列棚、実験台、百題函、学校新聞、共同研究録などを利用して研究上の指導を与えている。各研究部は

競って研究会を行い、ある班は、夜間輪番にして自宅で催し、ある班は申し合わせて朝早く登校し、始業前の自習時間に教室で研究会を開くなど活発に研究会を行っていると村山は述べている。

このようにして研究部内で学び合った成果は「学友会雑誌」（編纂部委員により編集、毎月5日発行）として発行したり「談話会」（毎月20日、雨天時に随時開催）などで発表の機会を多くするようにしている。このように村山学級では、児童が自主的に学習する機会を児童自治活動とリンクさせて設定しているのである。

写真2-1「穂波高等小学校村山増吉学級における自学の様子」は、1909年、『教育実験界』において、発表されたものである。この写真は、穂波高等小学校の

写真2-1　穂波小村山増吉学級における自学の様子
「福岡県穂波小学校児童の自修」『教育実験界』第23巻4号、1909年。

児童の学習の様子を撮影するために、教室の前方から撮影したものである。この時期の授業の様子を記録した写真は少ないが、児童の学習の様子を伝えるために、教室前面から写された写真は稀である。

　比較のため、写真2-2を示したい。これは、1907（明治40）年頃の愛知県碧海郡亀城高等小学校における校長による修身教授の様子を、教室後方から撮影したものである。

　この2枚の写真は、授業観、学習観がまったく異なるものであり、興味深い。写真2-1は、教室後部に実験器具があり、実験観察をしている児童や輔導する村山増吉の様子が見受けられる。教室後部壁面には、掲示物や、小黒板、そしてノートらしきものが掲示されており、自由に児童が学習のために活用できるようになっている。この写真の主役は児童である。それに対して、写真2-2は、

写真2-2　1907（明治40）年頃の愛知県碧海郡亀城高等小学校における黒田定衛校長による修身教授の様子（刈谷市立亀城小学校所蔵）

向上、自重、協同の校訓を教える黒田定衛校長の指導を撮影したものであり、一人ひとりの児童の表情等はよく分からない。背筋を伸ばして校長講話を聞く児童達の様子はよく伝わってくる。明治40年前後にこうした対照的な教室の見方、すなわち授業観があったのである。

第5節　おわりに

　本章では、明治末期において福岡県嘉穂郡公立小学校で展開された自学主義教育の実際について特に穂波小の事例について検討してきた。

　福岡県嘉穂郡において新教育が広汎に及んだ背景として、石炭産業の興隆による人口の流入による増加が、自治民育への気運を生み出し、地方自治体、炭坑財閥の積極的後押しを得たこと。当時新教育の唱道者として知られた谷本富の影響を受けた教育関係者が積極的に自治自学の実践の具体化に努めていたことが挙げられる。

　福岡県の初等教育現場に地方自治体や産業界など、教員以外の人々が積極的に関与できたのは、福岡県教育会に実業界、官吏といった有志者が数多く所属していたからであろう。表2-3の「福岡県教育会会員数の推移」から分かるように、1911（明治44）年の調査によれば、11,221人中、教育関係者6,274人、有志者4,947人であり、有志者の割合が、44％を占めている。教育関係者以外の有志者の割合が、4割以上を占めていた。九州地方教育視察に参加した河野齢蔵、佐藤熊治郎が指摘していたように、福岡県教育会は道府県教育会の組織としては、教員以外の会員が多くを占める稀有な例であった。

　福岡県の公立小学校が、先駆的と思われるような教育を展開し得たのは、こうした、学校教育に関心のある篤志家らが、地域の学校教育支援コミュニティともいえる県教育会や教育会支部会の活動に積極的に参加できたからであろう。

　こうしたことを背景としながら、嘉穂郡穂波小では、1908（明治41）年に「自治自学に基づける新教育方案」という研究報告を発表して以来、児童の自治活動や自学を重んじた教育を展開していたのである。

　穂波小では、児童の意思、自助の精神に基づいた行為には剪定を加えないように指導することとし、児童の意欲や自治的、自学の精神を重視した教育を展開していた。そのためには、授業時間は自己の研究時間で先生から習う時間ではないという共通理解をする必要があった。生徒自ら学習の主人公であるため

には、どうしたらよいのかという課題意識に立って、自治訓練、教材選択・教材配列、学習環境整備が行われていた。

　この辺りの考え方は、第1章で触れた岡千賀衛の自信力を養成する手法によく似ており、「意志の自然的勢力を誘発」するために、「剪定を加えないように指導する」ことが重要であると穂波小でも主張しているのである。

　教材選択・教材配列については、教科書に代表される通有材料の活用をしなければならないという点で、一定の限界はあったものの、穂波小では、地方的材料の付加、個別教材の導入など、教科書外の教材開発に対して積極的に取り組んでいた。また、自学の余地を与える教材の付加として、自学に対する動機付けをおこなうための教材づくりの視点を同校の教師たちは有していた。

　こうした教育を全校で行うためには、教師間の共通理解が重要であった。穂波小において毎週土曜に2～3時間行われていた「同年級打合会」では、教材の目的、教材の選択、教材の取り扱いについて念入りに話し合いが行われていた。興味深いのは、こうした打ち合わせをしながらも、各学級の教師と児童の事情に応じて学級化し、学級の特徴を発揮することを認めていたという点である。

　村山の学級輔導論は、こうした穂波小の方針を受けて、村山独自の学級経営、学級教授論を構築していた。村山の学級における学級輔導論は、児童の個性に応じた指導を前提としつつ、学級内に児童自治的な活動を取り入れ、自治・自学的な態度を育てようとしていた。特に、授業中でも、教室内だけでなく図書館、博物館、学校園に自由に出向して研究することを許可するなど、日常の授業においても一方的な教授ではない学習活動を展開していた。また、自治会研究部は、自分たちで学んだ成果を学友会雑誌や談話会などで発表する機会を多くとるようにしていた。このように、穂波小村山増吉の学級では、児童の自学も自治会活動の中に組み込まれ、児童が自学的に学習に取り組むシステムが作られていたのである。

　即ち、教授と訓練と管理のある部分を「学級自治団」すなわち穂波小でいうところの学友会に関わらせることで、主体的な学校生活をおくらせることを目

指していた。この意味においては、穂波小における自学は自治活動の中の一部分として位置づけられていたと考えてよいのではないだろうか。

　こうした自学主義教育実践が、明治末期、福岡県という地方において一般の公立校で展開されていた事実は、当時の師範学校や私立小学校よりもむしろ、公立小学校の方が、地域の篤志家から財政的支援をうけ、児童が自学をすすめるだけの施設を用意できる条件にあったことを示しているのである。

　自学主義教育は、個別に調べ、協同的に発表するなど、複雑な学びの道筋を辿るため、学習方便物も数多く必要とする。福岡で自学主義教育ができるのは、こうした支援があったからというのは言い過ぎであろうか。

　この福岡を中心とした明治末期に於ける自学主義教育の事例は、大正新教育研究上においても、忘れることのできない事実として認識しなければならない。

註

1　野原由利子、中内敏夫「自学主義」大田堯・中内敏夫編『民間教育史事典』評論社、1975年、55頁。
2　同上、55頁。
3　同上、55頁。
4　同上、56頁。
5　中野光『大正自由教育の研究』黎明書房、1968年。
6　川合章『近代日本教育方法史』青木書店、1985年。
7　林正登は、「明治期の教育思潮と筑豊教育」『炭坑の子供・学校史』(葦書房、1988年)において、福岡県の公立小学校（鞍手郡、田川郡、嘉穂郡）の実践を取り上げているが、その評価は低い。「筑豊の教師たちの教育理論や実践の萌芽はまさにそのような国家の海外膨張政策に迎合し、人間の尊厳や人権思想を放擲し、その自治教育が『官治的』自治を前提としたように天皇制イデオロギーの注入作業（思想工作）を具体化するための方法的な二次的な理論の展開でしかなかった」（同書、173頁）。
8　梅根悟「日本の新教育運動」『日本教育史』金子書房、1951年、224頁。
9　同上、248頁。
10　同上、212頁。
11　同上、177頁。
12　樋口長市『自学主義の教育法』（金港堂、1922年、3頁）、谷本富「自学主義の唱道者として」自學奨励會編『自学主義の教育』（隆文館、1919年 5-6頁）に福岡県が自学主義

の一大中心地であったと著されている。
13 福岡県教育委員会編『福岡県教育史』福岡県教育委員会、1957年、365頁。
14 原田嘉朗、福岡県嘉穂郡穂波町編『穂波町史』穂波町教育委員会、1969年、550-551頁。
15 嘉穂郡役所編『嘉穂郡誌（復刻）』名著出版、1972年、1頁。
16 同上書、225頁。
17 福岡県教育百年史編纂委員会『福岡県教育百年史　第2巻　資料編〔明治Ⅱ〕』福岡県教育委員会、1978年、929頁。
18 当時、炭坑経営で財を為した地元炭坑主として麻生太吉がいる。「麻生太吉氏は飯塚町粕森の人なり。（中略）又郡内の諸事業に貢献したる件数は實に枚挙するに暇あらずと雖も、就中、嘉穂中学校建設に関する件、嘉穂郡教育基金に関する件、遠賀川改修工事に関する件、笠松烏男縣道開鑿に関する件、嘉穂郡公會堂建設に関する件等は君の最も熱誠を籠められし公共事業に対する結果の發露とも見るべく、郡は此等の功績に對し金盃を贈呈して、深く感謝の意を表したり」（嘉穂郡郡役所編『嘉穂郡誌（復刻）』名著出版、1972年、1009-1010頁）。
19 筑豊石炭鉱業組合が、嘉穂郡内の学校に多額の寄付金を納付していた事実を具体的に示す資料がある。筑豊石炭鉱業組合「明治四十一年六月二十七日常議員会」議録によれば、「嘉穂中学校エ本組合ヨリ金参万円設置準備金トシテ寄附相成タル金額ヲ、同郡ニ変更方ヲ同郡長ヨリ要求ノ件ハ同郡ニ関係アル麻生議員ノ意見ヲ叩キ決議スルニ決ス。」とあり、翌月の「明治四十一年七月二十六日常議員会」議録では、「元郡立嘉穂中学校ニ、本組合ヨリ寄附ニ係ル金参万円同校基金トシテ積立アリシニ今般郡立ヲ県立ニ変更アリシヲ以テ、該寄附金ヲ同郡ノ教育基金ニ名義変更ヲ同郡長ヨリ要求ノ件、本件ハ県庁ト郡役所トノ間ニ於テ協定ノ通、本組合ニ於テハ承認ヲ与ヘルコトニ決ス。但該基金ノ利子ハ、当初二年間ハ初等教育費ニ支出スルヲ得ルモ、其後ハ中等教育費ニ支出スヘキ条件ヲ付スコトニ決ス」と記されている。
20 嘉穂郡役所編、前掲書、665頁。
21 谷本富『新教育の主張と生命』（六盟館、1909年）の上篇は、岡山県倉敷における大原孫三郎主催倉敷日曜講演での谷本富の速記録、下篇は福岡県飯塚における嘉穂郡教育会での谷本の教育講演会速記録が収められている。また、巻末付録として嘉穂郡富豪麻生太吉邸における谷本の講演録が収録されている。
22 福岡県教育百年史編纂委員会『福岡県教育百年史第2巻資料編〔明治Ⅱ〕』福岡県教育委員会、1978年、942頁。
23 穂波高等小学校「自治自学に基ける新教育方案」『福岡県教育会会報』第120号、1908年、18頁。
24 同上、18-19頁。
25 同上、19頁。
26 当時の福岡県教育会会報の編集主任湯浅俊太郎については、近藤典二が次のように解説している。「明治三十二年、福岡県教育会は長く廃絶していた機関誌の再興を決議し、

その編集主任に浮羽郡吉井尋常小学校長を抜擢起用した。同会の評議員だった県視学中垣安太郎の懇請によるものだった。湯浅俊太郎は文久三年（1863）、福岡城下の生まれ、幼にして両親を失い。西新小学校受業生を振り出しに苦学勉励、明治二十一年ごろ福岡師範の実地授業練習生となり、次いで福岡高等小学校訓導となった。当時の校長が中垣安太郎であった。以来湯浅は大正十四年十月、その第三四三号編集の直後、脳溢血で急逝するまで、『福岡県教育会会報』の編集に専念し、毎号、巻頭言に論説に、健筆を駆使して教育の重大と教師の自覚を訴え続けた。また「儺川子」の筆名で、しばしば「福岡日日日報」に社会風潮批判の主張を吐いている。福岡県教育会の発展と躍進は彼の陰の力によるところが絶大である」（近藤典二『教師の誕生――草創期の福岡県教育史』海鳥社、1995年、10-11頁。）

27 「嘉穂郡穂波高等小学校を観る」『福岡県教育会会報』第125号、1909年、29-30頁。
28 同上、29頁。
29 穂波高等小学校「自治自学に基ける新教育方案」『福岡県教育会会報』第120号、1908年、21-22頁。
30 同上、23頁。
31 同上、23頁。
32 同上、24頁。
33 同上、25頁。
34 「県下各小学校の実際（八）其六嘉穂郡穂波高等小学校（一）」『福岡県教育会会報』第129号、1909年、5月、39頁。
35 穂波高等小学校「自治自学に基ける新教育方案」『福岡県教育会会報』第120号、1908年、25頁。
36 宮坂哲文「日本における学級経営の歴史」『宮坂哲文著作集Ⅲ』明治図書、1968年、257頁。
37 同上、255頁。
38 村山増吉「機会均等主義学級輔導法」『福岡県教育会会報』第140号、1910年、14頁。
39 同上、14頁。
40 同上、14-15頁。
41 同上、15頁。
42 先行研究としても本研究において取り上げているが、内務省による自治民育政策がどのように初等教育に影響を与えていたかについて論じた論文としては、笠間賢二『地方改良運動期における小学校と地域社会』（日本図書センター、2003年）等がある。
43 村山増吉「機会均等主義学級輔導法」『福岡県教育会会報』第142号、1910年、6頁。
44 同上、7頁。
45 同上、9頁。
46 同上、9頁。
47 同上、10頁。

48　村山増吉「機会均等主義学級輔導法」『福岡県教育会会報』第144号、1910年、21頁。
49　同上、24頁。
50　同上、23頁。
51　村山増吉「機会均等主義学級輔導法」『福岡県教育会会報』第145号、1910年、25頁。
52　同上、25頁。

第3章

福岡県公立小学校における
自学主義教育の実際（Ⅱ）
―福岡県筑紫郡御笠北高等小学校の事例を中心に―

第3章　福岡県公立小学校における自学主義教育の実際（Ⅱ）
―福岡県筑紫郡御笠北高等小学校の事例を中心に―

第1節　はじめに

　福岡県筑紫郡御笠北高等小学校（以下、御笠北小と略記する）は、1897（明治30）年に開校し、1911年（明治44）年に廃止となった高等小学校である[1]。同校は、先述の穂波高等小学校とほぼ同じ時期（1898〔明治31〕年－1910〔明治43〕年）に存在した公立小学校で、両校とも僅か10年余りしか存在していない。

　本章で取り上げる御笠北小は、現在の太宰府市坂本（旧水城村）にあり、2年制の大野村外七ヶ町村学校組合立高等小学校であった。同校は、男子4学級、女子2学級、全児童270余名の学校であった。

　この校区は、太宰府周辺の稲作中心の農村地域であり、児童の7割強は農家の子弟子女であった[2]。同校は、穂波高等小学校と同様に、明治末期、意欲的な自学主義教育を展開していたが、存在した期間が短く、その存在はあまりよく知られていない。

　本章では、この御笠北小の自学主義教育実践を取り上げ、同校校長原田義蔵の著した、『事実に基づきたる学校教育』（弘道館、1911年）を分析し、同校の自学主義教育の特色を抽出することを通して、多角的に福岡県の公立小学校の自学主義教育の実態について明らかにすることを課題としたい[3]。

第2節　御笠北小における自習法習得のための教育内容論

　これまでの先行研究において、自学主義教育の評価が低かった理由として、当時の自学主義教育実践は、教科書の予習・復習の域を出なかったとみられていた点が挙げられる[4]。御笠北小における自学は、教科書の予習・復習のための自学であったのだろうか。

　御笠北小では、自習法習得のために教材をどのようにとらえていたのだろうか。

「教科書はすべてを尽くしたもの、日常生活に必須な智識技能を授け得ると致しましても、社会の進歩は刻々に智能の進歩向上を意味して、日一日と此等の教科書を不完全な者と致します。夫れと共に一旦此教科を終えて卒業しました者に対しましては、更に不足を感ずる有様でございます。今日の教育界に補習教育の必要を説いたり、自修法、自学輔導などといふ呼聲の高くなりましたのは決して偶然ではないと存じます。自習法とか自覚輔導とか申しますことは、学習々慣養成の必要を正面より認めました呼聲であります」[5]。

　原田が、「社会の進歩は刻々に智能の進歩向上を意味して、日一日と此等の教科書を不完全な者と致します」と述べているように、決して教科書さえマスターしておけばよいとの考え方を持っていない。教科書の内容を予習・復習すればよいと考えていなかったのである。引用文から、社会の進歩が知識の進歩向上を意味し、社会の進展に伴い、教科書そのものが陳腐なものとなると考えていたことがわかる。

　また、さらに原田は次のように述べる。

「此教科といふ者の本来の性質を、基本的智能の啓発と見るのであります。随って教科書は基本となるべき知識を授け、能力を付与する者に過ぎないと思って居ます。事実に於て、教科書と其教科の時間とは基本を授け得るにしか過

ぎない。教科書は其基本足るべき者〔ママ〕の記載にしか過ぎません。それで智能の教育は教科書教授に於て尽きた者〔ママ〕ではないのは勿論であります。かかる性質の教科によって得ました智能をもとと致しまして、これを基礎として自習の方法を知らしめ、其自習の方法によりまして、更に教科書以外に亘って国民として必要な智能を求めしめねばなりません。随って、智能の教育は、一、学習習慣の養成、二、基本的智能の授与、三、自習の三つの用件を全くしまして始めて完全な資格を得しむることができるかと思われます」[6]。

原田が、「其自習の方法によりまして、更に教科書以外に亘って国民として必要な智能を求めしめねばなりません」と述べていることは、自習の方法を用いて、児童が、教科書以外に知識を求めるようになることをねらっていることに他ならない。つまり、教科書の予習・復習のために自学をさせるのではなく、むしろ教科書以外から学ぶ材料を求めることに意義を見出していたのである。

さらに原田は、自習の方法の習得からさらに踏み込んで、研究心の涵養や学習習慣の重要性について次のように指摘している。

「真理を得るが為の研究心でありますが、しかし研究心はすべての真理を得る鍵であります。一つの真理を得ます事よりも、総ての真理を得べき鍵を得ることは吾々にとっては最も大切な者〔ママ〕であります。学習習慣を得ることは、一冊の教科書を諳んずる事よりも重要な者〔ママ〕であることは深く吾々の銘記すべき事かと存じます」[7]。

原田は、「研究心はすべての真理を得る鍵」として、子どもが自学をするためには、まず研究心を育てることが大切であると述べている。そのための具体的な方法を同校では、どのように構想し、実践していたのであろうか。具体的には、教科書ではなく、どのような内容について自学すべきだとしているのだろうか。

第3節　御笠北小における自習法習得のための方策

「自習と申しますことは、(イ) 自習の方法を知らしめること、(ロ) 自習せしめること、に分たねばなりません」[8]とした原田は、自習の方法として、①図書による自習、②自然による自習、③人工物による自習、という3つの内容別の自習方法を提示している。御笠北小では、この①、②、③の自学に対応した施設として、学校図書館、学校園、学校博物館を整備し、児童が自学できるように学習環境を整えていた。それに加えて、同校では、教師による自習指導を重視していた。

「図書によるもの、普通にいう自習でありまして、イ、記憶法、ロ、理解法、ハ、要項抽出法、ニ、注意継続法、ホ、辞書の策出法、ヘ、図書解題　等の方法は、これに当たるのでありまして、所謂学校図書館とか児童図書館とかの仕事というものは、むろん自習せしむるのが目的でありますが、右等の方法を一応修習した後でなくてはならないのであります。此仕事を忘れて直ちに図書館の本務であり目的である、自習せしめるということに入ろうとすれば、児童は其方法を知らないために、所謂学校図書館は有名無実のものとなって仕舞うのであります。のみならず、骨折っては居ても実は無駄な労力にすぎないこともあるし、只、読んだというにとどまって、其事項はすこぶる散漫な極めて空漠たるもので、所期の知識を収得することが出来ないという様な事が多いのであります。児童を図書館に入れば、徒に児童の思想を散漫ならしめるとか空漠ならしめるとか言うようなのは全く此等の仕事を度外にするためでありまして、断じて図書館の罪ではありません。全く此等の仕事を顧みない教師の罪であります。自習の方法を知らしめることは単に自習せしめることよりも重大なものであるというのは、実にかかる理由が存するためであります」[9]。

このように、図書館を整備するだけでは、自学の仕方を教えることにならな

いということ、そして、図書館を活用しての自習の仕方を教師が指導することの大切さを原田は主張する。

具体的には、図書による自習の方法、すなわち、イ、記憶法、ロ、理解法、ハ、要項抽出法、ニ、注意継続法、ホ、辞書の策出法、ヘ、図書解題　等の図書館を利用した自習法の指導を強調している。単に施設を用意するだけでなく、その施設を活用させるための方法を教師が指導することの重要性を原田は指摘する。また、自習法の指導をしなければ、「只、読んだというにとどまって、其事項はすこぶる散漫な極めて空漠たるもので、所期の知識を収得することが出来ない」こと、そして、それは、「全く此等の仕事を顧みない教師の罪」と原田は述べる。

また、原田は図書だけでなく、自然から学ぶ「学校園」を活用しての自習の仕方と、人工品から学ぶ「学校博物館」を活用しての自習の仕方を指導する必要があることを以下のように説いている。

「自然によるもの、自然によって自習せしめる方法は、更に之を二つに分つことができます。イ、植物、動物、鉱物、自然現象等の全く自然によるものと、ロ、工芸品、機械類のごとき、此等自然を利用した人工品によるものとに二大別することが出来ます[10]。」

「所謂学校園と申しますものは、種々の教育的価値が在り、目的がありますのは申すまでもありませんが、其の主要な中心目的と申しますのは、植物、動物、鉱物、自然現象等の集まりました一模式で、此を通じて自然の研究に入り得るものでなければなりませぬ。自然はあまりに大きくて、彼此の関係を一見し得べき関係秩序を得ますに困難であるために、まず其相互にこれを見易き様、小さく関係づけ秩序立て足る学校園として最もふさわしい仕事であり、格好なものでありまして、学校園の中心目的はここにあるものと思います」[11]。

学校園については、植物、動物、鉱物などの自然現象等の集まった一模式で、

あり、自然の中では、それらの関係、秩序を見ることが困難であるが故に、小さく相互に関係づけて見ることができるようにすることが大切であるとしている。これは、図書でなく、実際に直観的に触れたり、体験することを通して、自然の研究ができるような施設でなくてはならないという考え方から構成されたものであり、教育的な工夫により児童の研究に資することのできるものと御笠北小では考えられていたようである。

ただし、この学校園を用いての自習指導をどのように行うかについては同書には記載されていない。

最後に自習の材料として「人工品」を展示する「学校博物館」についてである。

「更に此等自然を利用致しまして、我々の用をなし、人類の福祉を増進する工芸品のごとき人工品は、実は自然より出ましたのですが、人工を加えましたために、一見したくらいでは、其関係を知ることが出来ませぬ。此等の人工品について、此関係を示して、日常の製品についての知識を得るに至らしめるのは、所謂学校博物館の任務であると申さねばなりません。学校博物館も学校園と同じく、色々の目的はありますが、工芸品等の人工物について、知識を得しむるためにするというが最も格好なものでありまして、学校博物館の主要目的と申さねばなりません」[12]。

人工品は、自然の素材からつくられたものであるが、一見しても、素材と人工品の関係が理解できないことが多い。そこで、御笠北小では、学校博物館において、工芸品などの日常で用いられる製品がどのように自然の素材から作られたものであるか、その関係が分かるように展示をすることを試みていた。こうした人工物を展示することで、児童の種々の疑問を解決する糸口を用意していたのであろう。

最後に、原田は、次のような言葉で、3つの内容別の自習方法論について締めくくっている。

「自習せしむるとも、自習の方面が、図書（学校図書館）、自然（学校園）、自然の利用（学校博物館）の各方面に亘りますので、随って自習せしむる事も此等の各方面に亘らなければなりませんのはいうまでもない事であります。自習すべき方法方面が異なれば、自習する事も異なるのであります」[13]。

このように、学校園や学校博物館においても、自習のための内容の充実を図ることが重要であり、児童が自習を進める場合、その自習内容がどのような方面を向いても対応しなければならない。従って、子どもに自習をさせることは教師にとっても骨の折れる仕事なのである。「自習すべき方法方面が異なれば、自習する事も異なるのであります」という一文からも、御笠北小での自習は、定められた教科書の予習復習の枠にとどまることなく、学校図書館、学校園、学校博物館において、子どもがさらに知識を求めて学習することを見越した指導を展開していたと思われる。

第4節　御笠北小における教師の児童観

　こうした、教科書の枠を超えた教育内容を想定し、子どもへ自習法を指導しようとしていた御笠北小では、どのような児童観をもって指導を展開していたのだろうか。

「学習習慣の必要は、決して将来に必要という計[ママ]りではない、一見受動的なる如き場合、例えば或る講義をきいて居る時でも発動的に心が働いて居ないと、正確な収得は出来ません。此習慣は将来に必要と共に現在に欠くべからざるものであります。現に実験教育学の教うる処に見ても積極的学習態度は何れの場合にも有効であることを照明して、此習慣を要請し、此態度を求めしめることが緊要であるとして之を我が教育の実際に要求して居るという有様であります」[14]。

　このように原田は、児童の内面的な態度が発動的である場合には、知識の定着もよく、正確であるという点を強調しているが、この一節は、原田の児童理解をよくあらわしている。つまり学習の主体たる児童の内面的な学ぶ態度が形成されていなければ、学習そのものは成立しないという授業における児童の主体性を重んじた教育観を原田は持っていたのである。この原田の考え方は、次の引用文でさらに明確に示されている。

「それで教師が積極的に教授法を研究する必要がありますならば、児童にも積極的に学習法を研究する必要がなければなりません。教師に教材予定の教授細目の必要がありますならば、児童にも受業細目の必要がなければなりません。教師に教授案の必要がありますならば、児童にも学習案の必要がなければなりません。かくして教師も児童も積極的に準備し、積極的に受業し学習し、積極的に練習し使用して、始めて積極的学習習慣が形作られまして、現在に於て有効に発達し、将来に持続して善良な一資格となるのであります。

こんな趣意より致しまして、本校では教師の教育研究会に対して、児童研究会があり、教授細目は教師と児童と共によるべき予定案となり、教師の教授案と児童の学習案とが合して教授様式の一定となって居るのであります。こんなにいたしまして、児童は其受業細目によって、一面に学習法を研究しつつ、教授様式によって学習習慣を形づくることになります」[15]。

このことから、原田が教師の「教授法」に対して、児童の「学習法」、教師の「教授細目」に対して児童の「受業細目」を、教師の「教授案」に対し児童の「学習案」を、教師の「教育研究会」に対して児童の「児童研究会」をというように、児童が授業に関与する仕組みを構想していたことが分かる。

御笠北小では、児童が授業の主役であり、授業は、教師と児童双方が積極的に準備し、授業は教師と児童が創り上げるものという斬新とも思われる教育観を具体的な方策として提案している。ここで、児童が学習法を研究する「児童研究会」の概要について述べている文章を引用する。

「自習の方法を知らすがために、1．解説指示、2．研究帳、3．児童研究会の三つをつとめることになって居ます。…（中略—引用者）…
3．児童研究会。此会は、毎週火曜日の放課後に各学級で開きます児童の学習法研究会であります。此時は、児童は机の列びを変じて円形に致しまして、級長が其結果を纏めるのであります。児童研究会の規定は左の通りになって居ます。
　一、児童をして学習、予習、復習の方法を研究し実行せしむるため、児童研究会を設く。
　一、児童研究会は毎週火曜日放課後各学校に於て開会す。其時間は三十分以上一時間半以下とす。
　一、児童研究会の座席は会議体円座式とし、学級長之が会長となり、其結果を学級日誌に記入するものとす。学級主任教師は列外にありて全般を指導するものとす。

一、児童研究会に於ける研究事項、概ね左の如し。
　　1、既習の某事項は、如何に記憶するを便なりとするか。
　　2、某事項理解の便法。
　　3、既習の某事項中重要なる要領は如何。
　　4、某問題又は、某の事柄は如何に取調ぶべきか。
　　5、学習注意力の自己試験
　　6、辞書のひき方、および迅速なるひき方競争。
　　　辞書の種類、画引漢字書、和辞書、類語辞書、熟語辞書、俗語辞書、地名辞書、人名辞書、百科辞書、漢和辞書。
　　7、其他、学修方法上各己の心得、実践方法に関する件等。
一、児童研究会の研究問題は、児童より提出することあり、教師より提出することあり、児童相互に於て解釈し得ざるものは、主任教師の指導を請ふものとす。
一、児童研究会に於て決定したる事柄は、主任教師に於て取捨訂正の上、その確実なる実行を期するものとす」[16]。

　児童研究会は、毎週火曜日の放課後に、30分から1時間30分程度各学級で行われていた。ここで話し合われる研究内容は、上記の通り、学習法に関わる問題やそれぞれの学習をどう進めるかという研究方法に関わる問題であるが、これらの問題は児童から提出する場合と教師から提出する場合があった。
　また、児童相互で話し合いをしても、解釈が難しく結論がでない場合は、学級主任教師の指導を受けるようにしている。この主任教師は研究会の最中は、児童の円座の外に座り、児童研究会は、学級長が司会をし、研究会を自立的に運営するようになっている。
　児童に「学習法」の指導を行い自律的な学習をめざす教育は、大正新教育運動における木下竹次の奈良女子高等師範学校附属小学校の実践がよく知られるところであるが、引用文から分かるように、明治末期、福岡県の農村地域の小学校で、毎週火曜日の授業後、「学習法研究会」が行われていた。こうしたこ

とからも、大正新教育運動において注目された木下竹次の学習法は、そのモデルとなった実践がすでに地方にあったのではないかと考えられる[17]。

このように原田は、児童が自ら学び研究をすすめていくための方策を打ち出していたが、学習習慣を育て、学校図書館・学校園・学校博物館などを整備し、自習の方法を習得させれば、児童の自学は行われるかというと、実際にはそれほど簡単ではないという。

「学習自習の習慣がついて居まして、自習の方法を知って居れば、自習する様になる筈ですが、実際は決してそう容易くはまいりません。人格の教育の部に申し上げました様に教えること、解説とか指示とか訓戒とかいうことは、そのままでは単に耳にきくことのみ信じて仕舞って、実際の行為と離れてしまいます。教え放しにすることは非常な弊を伴うものであります。此事は何を見れば知ることが出来ると早合点のみして、夫れを調べはせぬという様になります。つまり調べ様を知って居るがために上すべりをして実際は何らの知識も持たぬ、他の人が話すと、それは何々の中にあることであるという位に、きわめてバッとした粗雑に知って居るのが、却って妨げをなしてまじめに聞こうともしない、其癖自身には知らないという以って似て非なる者となってしまう。散漫な知識とか散漫な思想とかいうのは、これであります」[18]。

このように、原田は、子どもが調べる方法などの自習の仕方を知ることによりすべての研究が上すべりして、散漫な知識や散漫な思想となってしまうおそれを指摘する。つまり、児童に学ぶ動機をどのように持たせるのかという点について教師は方便を準備する必要があると唱えるのである。

現代においても、児童の自習を中心とした学習の課題はまさにここにある。このことは、原田が日頃の実践の中から学んだものではないだろうか。

第5節　御笠北小における自習法習得のための「学業会」

　御笠北小の教育は、自習法を指導することと、自習の方面に応じた教材を図書、自然、人工物の3つの領域において充実させることを基本として成り立っていた。それに加え、児童の自習法を検討する児童研究会を毎週設定し、学習法や追究課題について児童相互で話し合ったり、学級主任教師から助言を得たりしていた。

　原田は、それでもなお、児童が自習をすすめる際に、研究が上すべりしたり、思想が散漫にならないようにするために、自らすすんで自習し、研究するための方策が必要と考えていた。それが、以下の引用文中の下線部にある「発表せしめて自習の必要を感じせしめる」ことであった。

「散漫な智識に甘んずるということは、知識収得上、思想の発達上非常に悪いことでありまして、散漫な知識に甘んずるということになりますと、すべての研究が上すべりをして、早合点をして、実際の用をなさん、適用することが何時も肯綮を失ってしまうということになります。そうして、それが習慣となって何に接しても同様な傾向をもって来ます。それでこんな悪い習慣に陥ることを防ぐと共に、正確々実に収得させなければ結局の美果は得られないのであります。ここまで来ないと所謂学習々慣も自習の方法を知らすことも真の価値を発揮したものではないのであります。此等すべての方法は自習さすことによりまして始めて活きて参ります。のみならず自習さすことによって学習々慣が養われ、自習の方法が反求されるということになります。学習々慣、自習の方法を事実にし、結果を督励するということになるのであります。それで自習せしむることには、教師は余程骨を折らなければなりません。どうして教育の目的に適合する日常生活に必要な知識を自習さすかということは、吾々の最も重要な仕事であります。しかし、これとても別に妙案があるという訳でもない、児童をして自らすすんで自習する努力あらしめるというまでの事であります。けれどもたびたび申しますように必要がなけ

れば努力がないのでいかに研究心の旺盛を求めても他律的従属的範囲を離れない。児童の事ですから、自己の研究心が努力の必要を起さすというまでには進み得ないのであります。その研究心はむしろ此自習さすということによって養わるべきものでありまして、まだまだ自己の努力を起すというが如き強力なものを求むべき時代ではありません。どうしても一歩下の階に方便として必要を喚起するものがなくてはなりません。
　発表せしめて自習の必要を感じせしめる
というのは実にこれがためであります。知識の発表は知識の使用であります。使用すべき場合があり、必要があれば自習しない訳には参りません。自習の方法を求めない訳にはまいりません。のみならず発表ということとはどうしても積極的努力を導くものであります。かくして一方に知識を求め、他方に学習々慣を形成することとなるのであります。本校のこれがためにとって居る方法は、一、教科の予習発表、二、昼会、三、学業会、四、技能会、五、展覧会・学業大会の五つになって居ます」[19]（傍点—引用者）。

　児童に研究心を引き起こすために、子どもの努力を求めるというのは、小学校の段階では難しい。つまり、自ら目標を掲げて、努力して学習に取り組むというスタイルの学習は、この段階の児童にとっては困難である。
　御笠北小では、子どもの自習への意欲を高めるために、「発表せしめて自習の必要を感じせしめる」ことが必要と主張し、そのために、同校では、自習をさせるために発表させる場面設定を積極的に位置づけている。これが、①教科の予習発表、②昼会、③学業会、④技能会、⑤展覧会・学業大会である。
　まず、「①教科の予習発表」の場面設定についてである。

「一、教科の予習発表　これは、教授様式の項で各科に通じて申しました通り、予習したことは必ず発表さすことになって居ます。教科の予習は一面に於いて学ぶべきものを確かにするのと、他面に於いて学習々慣を形成することとなります。予習発表は自習せしむる方面より見ますと自習（此場合予習と

いうことになりますが）の必要を感知せしめることとなります」[20]。

　御笠北小では、各教科の授業においては、学ぶべき内容を確認するとともに、学習習慣を形成するために、予習した事項について必ず発表させるようにしている。児童に発表させることで、自学への動機づけや意欲づけを行うのである。
　教科内容以外で自習した日常生活と関わる内容や2教科以上で学んだ事項を一主題のもとに統合し、再構成した復習事項を発表する場として「昼会」を設定している。
　昼会は、毎日昼食後、午後の始業前の15分間で、全校児童・教職員を集めて、講堂で行うことになっている。
　「②昼会」についての詳細は、以下の通りである。

「二、昼会の目的は左の通りになって居ます。児童をして教科以外に於て自習したる日常生活に必須なる知識及び此知識を自習したる方法、又は二科以上の教科に於て学びたる事項を一主題のもとに構成総合したる復習事項等を発表せしめ、同時に児童をして規律になれしめ、兼て発表の方法を学び、昼食休憩時後に於ける身心の平静を得しめ、人格的行為の統一を計るを目的とす。方法、としましては、毎日昼食後始業前十五分、職員児童共に講堂に参集いたしまして、各級順で一学級二名又は三名迄、一回一学級として自習結果を発表致します。それで、今日一年であれば、明日は二年という様な順になるのです。児童の発表が終われば、必要と思われる事柄について学校長より、訓戒を與へ、一同敬礼の後に、順次退場、直ちに各自の教室に行って課業をうけることになります」[21]。

　このことから、御笠北小では、毎日、昼食休憩時の15分間、1学級が発表を行い、2、3名が教科外の自習内容の発表や一主題のもとで複数の教科で学んだ内容を統合し、構成した内容を発表するようにしていたようである。ただし、具体的に昼会においてどのような内容を児童が発表していたかは不明であ

る。
　次に「③学業会」についてである。

「三、学業会、毎月十日第五時、児童職員共に講堂に集合しまして学業会を開きます。ここに学業会と申しますのは、普通の学芸会の様でありますが、従来の学芸会は、特殊な児童の学芸を演じさすので、それが学習系統上には何らの関係をも持っては居ませんでした。方法としても拙いものであると思います。本校のは、学習系統上の一仕事となって居まして学習上に関係深いものとなって居ます。左に名称、目的、方法、次第に別ちまして申述べます。本校所在地には、往事学業院の設けがありました。其の名にちなんで学業会と名づけたのであります」[22]。

　御笠北小の学業会は、いわゆる学芸会のようなものであるが、その内容は、授業内容、学習内容と関わるもので、同校の学習系統上に位置づけられたものであったという。「学業会」という名称を用いているのは、かつて、御笠北小の周辺に「学業院」という太宰府天満宮附設の施設があったことに由来していたようである。
　学業会は、児童に発表をさせる場を設定することで、自習を主体的に学ぶ動機付けを行うわけであるが、学業会のねらいについて、原田は以下の通り説明している。

「既習事項中、最も主要なる教材を選びて、一主題のもとに構成総合せしめ、(復習、構成総合)自習による材料を付加して(自習発表)之を発表せしめ、其知識の使用によりて発達(知識に対する確信、鞏固、発展を促さしむ)を企図し、兼て、自己研究の興味を喚起せしめんとす。もし夫れて此に伴ふ人格教育上の効果、例へば、一校団欒の内に情誼を温め、知らず識らず上級児童の感化を受け、一同のもとに介して団体事業を共にし、自己団体の真価を自覚し、協同一致の精神を鼓舞し、知らず識らず発表方法の向上を計るといふ

様なのは方法より得来る副弐滴(ママ)目的といってよいと思ひます」[23]。

　学業会においては、既習事項の中で、最も主要と思われる教材を教師が選び、これを児童に復習とともに自習した内容を付加させ、一つの主題のもとに構成総合させて発表させる。このことを通して児童の知識を確かなものとし、さらにその知識を発展することを目標としていた。
　また、子どもの自己研究の興味を喚起させたり、共に学び研究させることで、情誼を温め、協同的に働く事のよさを自覚させたり、上級生から学ぶ機会を設けることにより、発表方法の向上をはかることもねらったものであった。
　学業会実施の方法については、以下の通りである[24]。

「一、主題、
　イ、学業会に演ずべき題は、既習事項中最も重要なる材料につき、各学級主任教師に於て選択すべきものとす。
　ロ、主題布衍の項目順序は、主任教師の指導訂正に待つべきものとす。
　ハ、各学級は、一主題（毎月）を限りて演ずるものとす。
　ニ、主題の有機的結合を失はず、各項目の順序、系統に脈絡あらしめ、紛雑、混沌、明瞭を欠くが如き弊あらしむべからず。
二、付加材料（児童の自習によりて付加するもの）
　イ、付加材料は、主題に統合されたる各科材料、及び自習によりて得たる知識中、主題に総合せられたる材料を以てこれに充つるものとす。
　ロ、付加材料を以て、主題の有機的系統を失ひ、主題布衍(ママ)の大綱を妨ぐるが如きことあるべからず。
　ハ、付加材料の提出は、つとめて之を児童に求むべし。
三、発表の形式
　イ、主題及付加材料の各項につき、主題の項目順序を追ひて、なるべく多数の児童に発表せしめ、一学級に於て前後脈絡ある一主題を終ふるものとす。

ロ、発表形式の種類概ね左の如し、
　　1、談話、2、暗誦、3、朗読、4、唱歌、5、図書（図解、略画、記憶書、塗板密画。図画としては、腕練習、一切色チョークによる彩色画）、6、文章、7、朗詠（若、従来の朗詠法を用ふ）、8、朗吟（漢詩、従来の詩吟法による）、9、実験、10、楽器奏演
ハ、発表形式の種類は変化多からんことを求むべし。
ニ、児童発表の態度、動作に注意し、沈着、慎重、下腹に力をいれ、落ち着きて、然も敏活なるを要す。
ホ、発表の作法に慣れしめ、言語明瞭、行動優婉ならんことを求むべし。
ヘ、極めて真率真面目なるべし、しかも軽浮の態あるべからず。
ト、発表の長所、妙処に拍手し、他の長所を賞賛する美風を養うべし。
四、時間
イ、発表の時間は各学級七分間宛とし、全校六学級、四十二分を以て全校を終ふるものとす」。

では、具体的に、どのような内容を学業会では取り扱っていたのだろうか。

「例へば、主題が音響といふものでありますときには、其理科で学んだ音響といふことを、一人の児童が音の発生を談話する、次の児童が音波の実験をしつつ話していく、これをうけて次の児童が音の美妙などを詠じた詩吟をしてこれを証明するといふ風に順序を追うて、主題を妨げない範囲で、付加材料をも種々な形式で発表して参りまして、同時に塗板には音響に関係ある絵画を描かすといふことにして七分間で音響といふことの、一つの纏まった知識を多数のもので発表するのであります」[25]。

このように、学業会では、既習内容を一つの主題のもと統合し、複数の教科にまたがった内容を取り扱っている。上記の例によれば、学業会では、「音響」という主題をうけ、国語的アプローチ、理科的なアプローチ、音楽的なアプロー

チ、図画工作的なアプローチ等で、「音響」にせまるという内容でそれぞれが主題を妨げない範囲で自習し、その成果を発表している。このように、御笠北小では、児童の主体的な学習意欲を喚起するために、発表活動を基軸とした合科的指導が意図的に行われ、その中で自習法を習得するための教育が展開されていたのである。

なお、全校6学級が毎月10日の5校時に学業会を行っていた。各学級7分の発表時間であった。この学業会に向けて、御笠北小の学業会の練習は表3-1の手順によって各学級で行われることになっていた。

表3-1は、毎月行われる学業会での発表に向けて、各学級がどのように準備し、学習を進めていくかを表にして示したものである。毎月行われる学業会に向けて各学級で準備し、毎週火曜日に実施される児童研究会において、児童の自習状況の吟味がなされている。

発表については、毎日、昼食後に行われる15分間の昼会で発表の訓練をする場があり、こうした学習発表の機会や追究に関する意見交換の場が設けられていた。

学業会への取り組みの詳細は、以下の通りである[26]。

「イ　主題の指示、毎月十二日、各学級主任教師が其教授した教材中について、最も重要なものというのを、理科、地理、歴史、算術、修身、読方とい

表3-1　御笠北小における、学業会に向けての取り組み日程表

取り組みの流れ	日　程
主題の指示	毎月12日
付加材料の検索自習	毎月12日～21日
学業会自習発表	毎月21日放課後
学業会組合せ発表	毎月27日
練習発表	毎月2日
学業会	毎月10日　第5時

原田義蔵『事実に基づきたる学校教育』弘道館、1911年、52頁を参考に筆者が作成。

ふ様な教材に求めまして、来月の学業会の主題はなんといふ事であると
いふことおよび其項目を指示します。
ロ 付加材料の検索自習、主題を指示せられますと、其主題及項目について
各研究班で児童互い話し合って、主題の各項目に関係ある材料、奇行、
逸話もあり、詩もあり、唱歌、和歌もあり、此等項目に対する例話、事
実等あらゆる関係ある事柄を学校図書館、学校園、学校博物館、絵画室
（関係絵画を求む）等について自習するのであります。さうして毎月廿
一日の放課後に学業会自習発表を致します。此時は単に材料の智識を蒐
集するのみであります。各研究班でさすのは材料の多きを期するのです。
ハ 組合せ発表、自習発表の材料、及主任教師より指示された材料を取捨選
択して、各組で皆集まって組合せを致します。大概各学級が三組位になっ
て居ますので、三通りに出来ることになります。ここで復習の構成総合
となるのです。それを二十七日に各組個々に発表致します。此発表のと
きは児童に諮って、最も優れたものを採用し、主任教師が訂正して出来
上がるのです。
ニ 練習発表、構成総合したものが出来上がりますと、組み合わせた組で之
を各班に分ち、練習せしめるのであります。尤も一研究班に二個処以上
を練習する処もありますし、大概何もしない児童はないのですから、一
研究班で二三項目に亘ることは多いのです。かくして毎月二日に主題の
系統を追うて各班順次練習結果を発表致します。此時に各班の中から十
日の学業会に発表の衝に当たるべきものを定めるのです。尤も班員尽く
練習は致します。そして其衝にあたるべきものは、毎月交代することに
なっています。此練習発表は学級によりましては、二日以外に十日の定
日までに十二回を行うこともあります。
ホ 学業会発表、かく練習を終えた者が、毎月十日の第五時に全校、各学級
順に順次発表することになるのです。
　【学業会次第】
　一、児童着席、二、職員着席、三、学校長入場、四、一同敬礼、五、児

童一同着座、六、開会の辞（上級児童）、七、各学級順次学業、八、一同起立校歌合奏、九、開会の辞（上級児童）、十一、同敬礼、学校長以下順次退場

此学業会、次の技能会の結果は職員互に批評いたします。学業会の評定法は、教育方法の混一の項中に申述べます」

　このように、学業会を毎月行うために、相当の準備を行っている。表3-1のように、発表をするために、自習し、発表練習などをするのであるが、重要なのは、各教科の授業で学んだことを基本としながら、教師の主題にもとづいて、自習・発表をさせている点である。

　児童はその主題に合った内容を各研究班ごとに自学させ、児童に話し合わせて、その優れた班を選ばせ、発表に向けて班を組み直させて発表をする。これらの一連の学習は、単なる教科書の予習・復習とは異なり、児童が自習により主題にあった題材を選択し、協同的にテーマに合わせて表現するという「追究―発表型」の学習となっていた。こうした授業のスタイルは、後の大正新教育を標榜する師範学校附属小学校や私立小学校に見られたものである。

　このことから分かるように、明治末期、福岡県の無名の公立小学校において行われていた自学主義教育実践は、これまで知られていた奈良女子高等師範学校附属小学校、明石女子師範学校附属小学校、千葉師範学校附属小学校、成城小学校などの新教育学校と同様に教育方法史上極めて重要な位置をしめる教育を展開していたと考えられるのである。

第6節　御笠北小における自習法習得のための「技能会」

　最後に、御笠北小における技能会について触れておきたい。

　御笠北小では、技能会を毎月2回行っている。

　全校各学級が、学校長が指定した科目（図画、書方、綴方、手工、裁縫）にかかわる成績品（作品、研究帳、雑記帳、発明品等）を展示する技能会甲種（毎月26日）と、学校長が指定した学級が、すべての成績品、すなわち教科の学習における技術的側面をあらわした研究帳、雑記帳等を展示する技能会乙種（毎月16日）の2回である。

　展示は教科を指定しその成績物を展示するものと、学級を指定しその成績を展示するものの2種類があった。

　同校では技能会を実施するにあたり、以下のような技能会規定を設けている。

「技能会、毎月二十六日に開会します。各学級の月並展覧会とも見るべきものであります。すべての教科の技能的側面にあるもの、研究帳、雑記帳等、一学級分を一室に陳列するのであります。技能会に関する規定は左の通りであります。

【技能会規定】
　第一条　既習の術科における成績品を陳列し、全校児童の観覧に委ね、其技術に対する普段の注意と練習使用とによりて発達を企図し、其科に対する鑑識力の助長と興味の持続発達とを計り、同時に術科に対する自己の真価を自覚し、不断の向上を求めしめんがために本規定を設く。
　第二条　技能会を分ちて左の二種とす。
　　　　甲種、学校長に於て、某学科を指定し、全校の成績品を陳列するもの。
　　　　乙種、学校長に於て、某学級を指定し、其学級の成績品を陳列するもの。

第三条　甲種技能会の教科概ね左の如し。
　　　1. 図画、2. 書方、3. 綴方、4、手工、5、裁縫、6、雑記帳、研究帳等を各個別にするもの、児童発明製作品
第四条　乙種技能会に出品するもの左如し。
　　　1. 各科雑記帳、2. 研究帳、3. 筆記帳（綴方など）、4、図画、5. 書方、6. 綴方、7、手工、8. 裁縫（女児）等発明製作品
第五条　技能会は毎月１回十五日に開会し、同時に翌月開会すべき教科もしくは学級を学校長より指定するものとす。
第六条　開会後は左の方法により、其月末児童をして優秀者数名を選挙せしむ。
　　　甲種　各学級の互選により各々一名迄。
　　　乙種　全校児童の互選により二名。
　　（此選挙は児童の鑑識力の向上を計るのが主でありまして、優秀者を推奨するのは副になります。）

（中略―引用者）

展覧会・学業大会　これは、毎年二月に開きまして、二日間といふことになって居ます。（十一日、十二日）

展覧会は、毎月挙行した技能会の出品を、此度は其の儘各教室に陳列致します。尤も多少其時の成績を加へは致しますが、大体に於て、技能会のは其の儘出品するのです。多少付加えますのは、四月五月に技能会を開いた学級などは、翌年の二月になれば、著しい発達が見えますので比較するくらいの程度で出品します。それで、つまり展覧会というものは、技能会の集まったもの、技能の総復習でありまして、此点から見ますと、技能会で毎月展覧会の準備をして居るといってよいのです。

学業大会は、毎月の学業会を繰り返すのでありまして、展覧会と同時に行ひます。此折には、父兄、有志、名誉職、吏員、学校関係者等の参列を請ふこ

とにして居ます」[27]。

　御笠北小の技能会では、子どもの成長・発達が、父兄、有志、名誉職、吏員、学校関係者等によく分かるように展示するようにしていた。このことから、同校は、保護者や地域に対し、積極的に学校の教育成果について公開し、地域社会を意識した学校経営を行っていたことが伺われる。

　技能会においては、技能会の優良児童を児童互選により選出していた。これは、児童の鑑識力の向上を主目的とし、推奨は副次的な目標としていた。この点から見ても、御笠北小の自学主義教育は、学習指導において貫かれていたものであったことが分かる。

第7節　おわりに

　以上の御笠北小の教育実践は、同校校長原田義蔵の著作によるものであり、他に同校の実践を裏づけるものは、残念ながら見つかっていない。しかし、同著の前書に、

「本校施設の各項につき、各地篤志家諸彦の問い合わせを忝うせし者、前後幾十なるを知らず。されど、公私の繁に忙殺させられて答礼の欠きし者甚だ多く、忙裏百事を裁するの腕なく、かたくとり篤く行ふこと能わず。顧みて慙悔暫くもやまざりし者。殊に数年来、本校教育方法の不備を捨てず、実地視察のため教育関係者の枉駕を忝うせし者数千百、然も亦微意を尽す能はず。礼を欠きし者少なからず、常に以て遺憾とせし処、今此書成るを告げ、僅かに少しく重荷を下ろせし感あり。特記して深謝を寄す」[28]

とあるように、当時、同校への参観者は多く、対応が不十分であったこと、原田が著した『事実に基きたる学校教育』が出版できたことで、参観を断り礼を欠いた点について、少し重荷が下りたと述べていることから、相当な参観希望者があったと推察される。

　また、引用文にもあるように、同校には、各地篤志家が学校施設についての問い合わせが多く、福岡県には、学校に対し積極的に援助しようとする人物が多かったであろうことが窺われる。このことは、前章で述べた穂波小の事例からも推察される。

　御笠北小では、児童に自習の習慣、自習の方法を習得させるために実に綿密な方策を構築していた。学校図書館、学校園、学校博物館が児童の自習のために整備され、学習の目標を、学業会での発表に置き、主題に関わる事柄について自習し、その内容について発表するようになっていた。御笠北小の自学システムはこの学業会を中心に組み立てられていたのである。

　御笠北小も第2章で論じた穂波小も、1910年前後に廃止となった小学校で

ある。学習法や学習案という大正新教育運動においてよく耳にする用語が、明治末期の福岡県における農村の公立小学校ですでに用いられていた。学習法といえば、木下竹次の奈良女子高等師範学校附属小学校における実践と考えられてきたこれまでの通説に対し、この福岡県の事例は一石を投ずるものとなるのではないだろうか。

　明治末期は、児童の活動を促し、児童の主体性を発揮させる場づくりを通じて、積極的に社会・国家に寄与する人物育成をめざす国民教育が現れ始めた時期であった。その一つの動きとして自学主義教育の高潮があり、当時、近代的な教育が展開された代表的地域が福岡県であった。「近代的」というのは、教師による一方向的な教育でなく、教室の教師や教室の児童が教育活動を組織し、児童自ら主体的に学習を展開するという構造をもつ教育が展開されたという意味において、近代的であったということをここでは示す。こうした教育のあり方が、社会の形成者を育てる教育の枠組みとして採用されるようになったのがこの時期であった。

　自学主義教育が、明治末期、福岡県で広く展開されるようになったということは、近代日本教育方法史において、明治末期が大きな転換期であったと言える。自学自治を標榜する教育が福岡県内にみられたということは、近代的教育実践が福岡県の公立小学校において、組織的に行われていたと言うことができる。

　福岡県の自学主義教育は、穂波小にしても御笠北小にしても、決して同じものではなかった。それぞれに特色を持った自学主義教育であった。このように、福岡県の公立小学校間において多様な自学主義教育が行われていた事実は、近代的な教育が華開く要因が、明治末期の地方に確かに存在していたということを示す。

　明治末期、「自習時間の特設」という時間設定と自学指導を行う学校は決して少なくなかった。その中で、「自習時間」をどのような目的の下で、運用していたのかを明らかにすることは重要である。

　特に、明治末期、鹿児島県師範学校において「自習時間の特設」を行った木

下竹次はどのようなことを考え、奈良女子高等師範学校附属小学校における学習法実践の構想を温めていたのだろうか。木下竹次が、自学主義教育の風潮の中、どのようにこれを受け止め、実践方法論を構築していたのかについて明らかにしたい。

次章では、明治末期、穂波小や御笠北小の自学主義教育実践が行われていた時期と同じ1910年頃、木下竹次が勤務していた鹿児島県師範学校附属小学校において展開されていた自習法指導の実践を検討することにする。

註

1　筑紫野市史編さん委員会編『筑紫野市史（下巻）』筑紫野市、1999年、844-845頁。
2　原田義蔵『事実に基づきたる学校教育』弘道館、1911年、16頁。
3　原田が述べるところの「自習」というのは、どのような語義で用いているのか不明であるが、ここでは、自学とほぼ同じ意味で用いているととらえることとする。
4　川合章「大正新教育の展開」井野川潔編『日本教育運動史　第1巻　明治・大正期の教育運動』三一書房、1960年、88頁。
5　原田、前掲、52頁。
6　同上、52頁。
7　同上、53頁。
8　同上、58頁。
9　同上、58-60頁。
10　同上、60頁。
11　同上、60頁。
12　同上、61頁。
13　同上、60-61頁。
14　原田義蔵『事実に基づきたる学校教育』弘道館、1911年、354頁
15　同上、354-355頁
16　同上、469-473頁
17　特に、奈良女子高等師範学校附属小学校の場合、清水甚吾や幾尾純、山路兵一ら学習法実践を展開した教師たちが福岡出身であり、彼等が教員生活を始めたのも福岡県である。
18　原田、前掲、514-515頁。
19　同上、516-517頁。
20　同上、517頁。
21　同上、517-518頁。

22 同上、518-519 頁。
23 同上、520-521 頁。
24 同上、521-523 頁。
25 同上、523-524 頁。
26 同上、524-527 頁。
27 同上、527-530 頁。
28 同上、17 頁。

第4章

鹿児島県師範学校附属小学校における自習時間の特設
―木下竹次・有永真人の自学主義教育実践を中心に―

第4章　鹿児島県師範学校附属小学校における自習時間の特設
　　　　―木下竹次・有永真人の自学主義教育実践を中心に―

第1節　はじめに

　本章では、明治末期（ここでは1904年から1910年までをその期間とし、その他は西暦表記を原則とする）、木下竹次が所属していた鹿児島県師範学校附属小学校（以下、鹿児島附小と略記す）の自習法の実践を取り上げ、その実際と方法原理について明らかにすることを目的とする。

　1872（明治5）年、学制の公布・施行により、新しい制度のもとでの小学校が設立されると、それまでの、寺子屋、漢学塾などにおける伝統的な教授方法が否定され、欧米の様々な教授方法が紹介されることで、全国各地でその影響を受けた授業が展開された。1880年代に入ると、小学校教育の現場では、開発教授法や五段教授法など、さまざまな特色を持った教授法が全国各地で実践されるようになった[1]。1900年代に入り、五段教授法にかわり、小学校現場に少なからぬ影響を与えた教育方法があった。自学主義教育である[2]。この自学主義教育運動は、児童に自学・自習をさせていくための教育方法改善への取り組みであり、後に大正新教育運動で活躍する多くの教員がこの時期に自学主義教育に取り組んでいた。大正新教育運動におけるメルクマールとなった八大教育主張講演会（1921年）で、「自学主義教育」について論じた樋口長市は、1905（明治38）年から1906（明治39）年頃にかけて、自学主義教育の声が大きくなったということ、そして、当時の自学主義教育の中心地として、四つの地域、拠点校、中心人物を挙げている[3]。

　①　福岡（福岡県師範学校附属小学校岡千賀衛）
　②　鹿児島（鹿児島県師範学校木下竹次）

③　兵庫（明石女子師範学校附属小学校及川平治）
④　東京（日本女子大学附属豊明小学校河野清丸）

　第1章では、①の福岡における自学主義教育実践の実態について、代表的実践家とされる岡千賀衛の自学主義教育論を、第2章・第3章では、福岡県内の2校の公立高等小学校の実践について明らかにしてきた。
　本章では、特に、樋口長市が自学主義教育の一つの中心地と位置づけた木下竹次の鹿児島附小における自習法をその研究対象とする。特に木下の鹿児島師範を取り上げる意義は次の通りである。
　これまで、木下竹次が学習法の実践を開始したのは、彼が鹿児島県師範学校、鹿児島県女子師範学校に勤務していた時期（以下、この時期を鹿児島時代とする）以降であるとされてきたわけであるが[4]、木下の学習法の源となったと目される鹿児島時代における自学・自習法についての研究は十分でない。木下の薫陶を受けた小原国芳らによる回顧録等で、その実践の存在が認識されているといった程度である[5]。
　第1章で述べたように、岡千賀衛は、清水甚吾とともに自学主義教育実践を共同的に行っていた。清水は奈良女子高等師範学校附属小学校（以下、奈良女高師附小と略記する）において、木下の学習法について最も理解を示し、実践を行った同校の看板教師であった。福岡で清水が自学主義教育を学んでいた明治末期、鹿児島の木下が何を目的に自習法研究を展開していたかを検討することは、彼がどのように「奈良の学習法」を構築してきたのかを明らかにすることにつながる。よって、本章は、近代日本教育方法史研究や、木下竹次研究に資することができると考える。本章の意義はここにある。
　これまでの、先行研究では、周知のように、自学主義教育は、谷本富の唱導により全国に広がったといわれているが、谷本の新教育論は、「帝国主義的イデオロギーに基づく教育改革論であったと結論してまちがいではない」[6]とされ、自学主義教育の評価は決して高いものばかりではなかった[7]。川合章は、当時の自学主義教育実践が、「質実剛健、鍛錬力行の実践とうけとめられたり、

単に予習復習、宿題の実施としてうけとめられたりした」[8] ものであり、「この時期における自学主義はおおむね、教師、教科書によって与えられた教材をマスターするための方便でしかなかった」[9] と必ずしも積極的な評価を与えていない。

その一方で、自学主義教育の意義を積極的に認めるべきだとする研究成果も提出されるようになった。明治期の開発教授法やヘルバルト教授法などの教育方法を「発問」という切り口から、その特色を抽出した豊田久亀[10] は、この自学主義教育が「自問自答」のための発問論を前進させ、児童の主体的学習論を推進させたものとして評価している。

また、今野三郎は、樋口勘次郎の活動主義がどのような形で自学主義に接続し、展開していったのかを、岡千賀衛の論稿を中心にして解明し、活動主義批判に応えるために自学主義教育が積極的に取り入れられたことを論じている[11]。「それ（岡の教授論）は、樋口（勘次郎）によって蒔かれた趣旨（活動主義）を谷本の自学輔導の発想や実験心理学の成果などを肥しに成長せしめた教授論であり、明らかに大正期の学習論に連動する内実を備えたものであったといえよう」[12] と指摘するように、今野は、自学主義教育を大正新教育との関連でとらえることの重要性について強調している。

岡の自学主義教育論の形成を、地域的文脈と接続して論じたのが、深谷圭助[13] である。深谷は、自学主義教育の代表的な実践家とされる岡千賀衛が1900年代に福岡県富原小・福岡附小において、如何なる自学主義教育を展開したかを明らかにするとともに、岡が、後に奈良女高師附小で活躍する清水甚吾と共に、自学に関わる教育方法改善に取り組んでいた事実も指摘した。また、深谷は、なぜ自学主義教育実践が地方の小学校において広く展開されるようになったのかを解明しようと試みている[14]。この論稿は、岡が福岡附小に転任する前に、広く福岡において自学主義教育が展開されていたことを明らかにした論文である。

これらの先行研究の到達点として、次の三点を挙げることができる。

(1) 自学主義教育は、岡千賀衛の論文を分析する限りにおいて、活動主義や自学輔導、実験心理学の影響を強く受け、大正新教育における学習論に連動する内実を備えたものであった。
(2) 清水甚吾は、奈良女高師附小で木下竹次の学習法に接したとき、すでに福岡時代に自学に関わる経験を持しており、共通の基盤を持ち合わせていた。
(3) 岡千賀衛や清水甚吾の出身地である福岡県においては、すでに、自学主義教育を実践している地方の公立小学校が存在し、活発に自学主義教育に関する実践研究を展開していた。

これまで、明治末期、小学校現場において、福岡附小訓導の岡千賀衛が自学主義教育について先進的な実践をしていたといわれていたが[15]、明治末期には、公立校で広く自学主義教育実践が展開されていたことが確認されている。つまり、この時期、自学主義教育は、至る所で展開されており、その影響を受けた教師が数多く存在していたのである。例えば、1910（明治43）年に刊行された、『全国附属小学校の新研究』（金港堂、1910年）には福岡の自学主義教育実践以外に鹿児島附小の「自習時間の特設」、長野県師範学校附属小学校の「自修法に対する研究一端」等の自学法に関わる研究が所収されている。

同書には、及川平治による、「為さしむる主義による分団式教授法」[16]が掲載されており、自学主義の影響が随所にあらわれている。及川が当時の教育理論から何を学び、分団式動的教育の理論を構築したのかについては、橋本美保[17]が、アメリカ・ヘルバルト主義の受容という観点で論じているが、当時の及川の中には、一斉教授により生じる「劣等児」を救済するための教育を如何にしたら克服できるかという問題意識があった[18]。特に、アメリカ・ニューヨーク州のバタヴィアシステム（Batavia system）[19]を導入し、個別取扱的学習に積極的に取り組んでいた。

及川が、一斉教授によって生じる個人差に対応する指導を、分団式教授法に求めたのに対し、木下は、鹿児島附小において、自習時間を特設し、自習法を

習得させることで「劣等児救済」を行おうとした。この中で、木下は、子どもたちに復習の仕方や、予習のさせ方について指導するとともに、子どもに主体的に学習をさせるための「学習法」とは、いかにあるべきなのかという問いを持つようになったと考えられる。

　木下は、1904（明治37）年4月から1911（明治44）年3月まで、鹿児島附小の教育に対し、大きな影響力を持ち、師範本校とともに、附属小学校にも自習法に取り組ませていた。そして、同附属小学校主事有永真人とともに、1910（明治43）年に「自習時間の特設」[20]という研究報告を提出している。また、有永は、単著として、1909（明治42）年に『復習に関する研究』（宝文館、1909年）を刊行し、自習時間において、いかなる復習法の指導をすべきかについて論じている。

　本章では、明治末期、自学主義教育における鹿児島附小での自習時間の特設と自習法指導の実際について、前掲の二つの論考を検討する[21]。

第2節　鹿児島附小における自習時間の特設

　先に述べたとおり、鹿児島附小の自習法は、『全国附属小学校の新研究』（金港堂、1910年）において、「自習時間の特設」として発表された。同校では、変則二部教授法、各教科による自習法、「優劣児」の配置方法、などが「各学級に分配したる問題」であったが、まだ研究を創始して間もないため、1908（明治41）年10月以来取り組んでいる「自習時間の特設」についての研究報告を同書に掲載したようである[22]。

　まず、同論考をもとにして、鹿児島附小において、自習時間でどのような指導が展開されていたのかを検討する。

　鹿児島附小では、1908（明治41）年10月から、師範本校と共に、同一校時に、尋常科3年以上を対象として、水・土曜日を除いた毎日45分間の自習時間を特設していた。また、高等科においては、土曜日を除いた毎日45分、自習時間を設けていた。

　では、鹿児島附小では、自習時間にどのような内容を扱っていたのだろうか。

　鹿児島附小では、自習時間に行うべき必須内容として、①児童の反省、②教科の復習または完成、③個別的取扱、④劣等児救済の4項目を挙げている。また、この時間で、学級的画一的取扱や新しく教授活動を行うことは禁物であるとしている。このことから、同校の自習時間は、個別的取り扱いを旨とし、復習的学習活動を中心として展開されていたことがわかる。

　表4-1をもとにして、鹿児島附小における自習法がどのように展開されていたか分析してみよう。

　まず、自習時間の内容を各段階別（尋常科3、4年、尋常科4、5年、高等科1、2年）にみると、いずれも②の「各教科の復習または完成」の内容等が多いことに気づく。

　特に、尋常科3、4年生では、「未完成品完成」「教授予定の遅滞挽回」など、児童の個人差が生じやすく、作業や理解に時間がかかる児童が多い実態がよ

表4-1 鹿児島附小における自習時間の内容

学　年	自習時間内容
尋常科 第3・4学年	1．復習、新教授要点回顧、基礎的練習（乗算九九、数字、片仮名、平仮名）復習法指導→② 2．個人指導、学級教授の短所補欠、各個人の特癖観察（主として書き方、図画等）→③ 3．作業完成、綴方、書方、図画、手工等の未完成品完成、教授予定の遅滞挽回→② 4．児童言行反省、時には之に対する批評訓戒→①
尋常科 第5・6学年	1．劣等児救済→④ 2．質疑応答→③ 3．時には教師より児童を、個人的に教授の有効程度につき確かめる事あり→① 4．教科の完成、前学年に挙げたるものの他、歴史系統表、年表、地図、理科筆記等を加える→② 5．復習、整理、反省、訓戒（主として偶発事項）→②
高等科 第1・2学年	1．復習及予習→② 2．個人指導、劣等生救済→④ 3．教科完成、全学年掲載の他、簡易なる理科的実験観察→② 4．小学芸会、小展覧会、相互間並びに自己評価訂正→① 5．純粋自習（水曜日）監督者なし→③ 6．当日の反省→①

附記）
該学年は、木曜日に限り、普通の授業が6時間あるので、自習時間は、午後2時50分より3時半に至る40分間とする、なお、自習時間は常にこの第7時間目なり。

あらわれている。

　尋常科5年生以後は、④の「劣等児救済」に時間が当てられるようになり、学年が上がるごとに、劣等児が顕在化し、その対策が講じられていることがわかる。

　また、学年が上がるにつれ、①の「児童の反省」、即ち、反省、相互評価・自己評価をする場面を保障しようとしている。この自習時間の内容構成が、学年が上がるにしたがって、変化していることに注目しなければならない。

　このように、鹿児島附小における「自習」は、決して放縦なものではなかった。各学年の児童の発達実態に合わせて、どのような自習内容を用意するべきなのか、どのような自習法を身につけさせることが重要なのかを検討した学習方法を段階的に指導するカリキュラムとなっていた。

尋常科第3、4学年の自習時間の内容は、復習や復習法の指導であり、個人指導を中心にしたものであった。新しく学んだ学習内容の要点を整理したり、復習したりすることをこの自習時間の内容としていた。これらの内容としては、乗算九九、数字を用いた簡単な計算、片仮名・平仮名、綴り方、書き方などの国語に関わる内容、そして、図画、手工などの図工にかかわる内容が挙げられていて、反復練習を必要とする内容となっていた。また、当時学級教授といわれた一斉授業によって進度の遅れた子どもに対し、細かな指導をする場として位置づけられていた。つまり、自習時間には、必ず指導する教員が配置されていて、個々の子どもへの学習指導を行っていたのである。この段階においては、復習法の指導を行い、復習を中心に自習時間に行っており、予習や予習法の指導を行うに至っていない。

　尋常科第5、6学年でも、自習とはいえ、教師が積極的に学習指導に関与している。この時間では、「劣等児救済」すなわち、「学習遅進児」に対する学習指導を行ったり、個別に指導がどの程度有効であったのか確かめたりする。また、尋常科3、4年生の内容に加えて、第5、6学年では、歴史系統表、年表、地図、理科筆記を行い、さらに学習の領域を広げている。

　最後の高等科第1、2学年では、「純粋自習」と称して、毎週水曜日に、監督者のない自習時間を設けるようにしている。ここで、初めて児童自身による自習時間が設定されている。これは、教育的観点から設定された「純粋自習」であり、児童の発達段階に合わせて、各学年における指導を展開していたことがわかる。

　ただし、水曜日以外は、教員が児童の自習時間の指導にあたるようになっており、個人指導や劣等生救済にあたっている。あくまでも、自習の時間は、子どもが主体的に学習する場であり、そのための指導を教師が行っているのである。また、高等科1、2学年にしてようやく「予習」を取り入れるようにしている。つまり、鹿児島附小では、あくまでも「復習」を指導した後に、発展的な課題として「予習」の指導をしていたと考えられるのである。さらに、この段階では、小学芸会や小展覧会という、相互に児童の活動や作品を鑑賞するこ

とを通して、相互評価や自己評価を行っている。これは、教師による評価だけでなく、学習者相互、自己による評価活動の指導を行うということである。

このように鹿児島附小では、尋常科第3学年から、高等科2学年に至るまでの間に、自習法の指導を計画的に行っており、授業時間内に自習時間の特設を行っていたのである。

なぜ鹿児島附小が、このような自習時間の特設を行ったのだろうか。鹿児島附小は、自習時間の特設の意義として、訓育上からの意義と教授上からの意義を次のように整理している。

(1) 訓育上からは、
　　 自省、自信、自働、自立、忍耐、勤勉等の諸徳を養い
(2) 教授上からは
　　① 教師本意なる学級教授の諸弊を救う
　　② 不規律または、不確実に陥り易き乃至、或いは諸種の弊をも生ずるおそれある自宅復習を幾分なりとも救済し得る
　　③ 教授進程の遅れるを防ぎ得る

まず、自ら学ぶ態度を養うためには、自省的態度、自立的態度、自動的態度を自習時間という場を用いて育てることが大切であり、このことに資するという意義である。こうした、自主、自立、自働を重視する考え方は、実は、1900年代における全国の小学校に広く浸透していた考え方である。これは、当時の学級の状況が複式学級や単級小学校が多数を占めていたことや[23]、自治民育・地方改良運動の影響から、自立的精神を小学校教育の中でも重視する気風があったことを示していると考えられる[24]。

この他にも、自習時間の特設には、実際の教授上の意義がある。まず、自習時間特設の教授上の意義として、「教師本意の学級教授」の問題を解決するために、自習時間が設定することができるということが挙げられる。児童本位に、自立的、自働的に学習を展開されることがこの自習時間では期待されていたの

である。自学の力を養うために、自習時間は「特設」されたのである。二つめの意義として、学習的効果が期待できない「自宅復習」を学校の中で確実に行うことができるということが挙げられる。一斉教授の授業の中では、個別の対応が十分に行われず、自宅復習、宿題を課すことが多かった。自宅復習に多くを期待できないという点から、自習時間を特設し、その中で、復習を実施しようとしていたのである。

　三つめは、授業の遅れを防ぐために自習時間を活用することができる点である。一斉教授においては、「劣等児」が顕在化することを避けることは難しい。「劣等児」が増えると、教授進程に支障が生じる。この自習時間の特設により、復習をする時間を確保し、個別に対応した指導を展開することをねらっていたのである。

　以上のことから、自習時間が一斉教授の欠点を補うための場として、さらに言えば、一斉教授であっても、自ら学ぶ意欲や意志をもって学ぶことができるように、学習する力を養う場として特設されていたということがわかる。鹿児島附小における自習時間において、もっとも重視されていたのは復習法の指導であった。それでは、同校の復習法は、どのようなものだったのだろうか。また、木下の学習法への萌芽はみられるのだろうか。

第3節　鹿児島附小の復習法にみられる児童の学習観

3-1　授業における「復習」の意味

　1909（明治42）年刊行の『復習に関する研究』（宝文館、1909年）は、鹿児島附小主事であった有永真人が同校における復習法について述べたものである。本章では、同書に述べられている「復習法」の方法原理について分析する。
　有永は、歴史的に「復習」がどのように位置づけられてきたのかを述べている。有永は、孔子の「学而時習之不亦説乎」という言葉を引用し、かつては、復習が「子弟教導の主義」となっており、伝統的に日本の教育は「復習」という営みにより成り立っていたと述べている[25]。また、明治初年の教育においては、小学校における教育方法原理として復習が重要であったことを次のように指摘している。

「明治初年の小学校における教授法は、維新以前の漢学塾もしくは寺子屋教授の余風を受け、新教育を軽んじ、復習を重んぜしもので、読書教授のごとき教師は、先ず、純粋に注入的に読本全体の素読を授け、後、初めに立ち還りて、講義に及びしもので、常に全体より部分に及ぶ順序を取って居て、素読時代とか講義時代とか言う風な区別があったのである。読本は固よりのこと其他、地理も歴史も甚しくは理科までも此の様な順序を取って教えて居ったのである」[26]。

　ところが、その後、開発教授法の導入により、形式よりも先に観念を持たせるために導入された問答法が流行し、形式から入る復習を中心とした暗誦法は否定され、復習をさせる教師は教授の下手な教師であるという気運が広がった。伝統的な教授方法であった復習を中心にさせる教師は認められなかった。

「エデュケーションとは、即ち引き出す意義であるというラッイン語源にかぶれたる開発教授の新法が輸入さるるに至るや『観念を先にし、形式を後にせよ』『部分より全体に及べ』もしくは『一歩一歩に進め』という原則を掲げて、従来の教授法を否認し、ために復習を重んずるは教授を軽んずるもので、これは教授の最も下手なものであって、恰も新教授にして可ならば、何ぞ、復習の必要があろうぞという風になって、反復し練習して練り上げるという教育上極めて必要な教法の価値に気がつかずして終に復習を棄つるに至ったのである」[27]。

ただし、有永は復習に類する方法が、開発教授・五段教授法においても無かったというわけではなかったと言う。開発教授の問答法も五段教授法の予備段・応用段でも、等しくある復習を行っていたことを認めつつも、それは必然的に行うのではなく、従属的に行われていたものであったと指摘している。

とはいえ、問答法における一斉教授も、ヘルバルト式の五段教授法における一斉授業も、児童一人ひとりの学ぶ力を保障するものではなく、やはり、復習を加味した教育を行う必要があると有永は主張する。結論から言えば、有永は、暗誦的復習ばかりをもって、教育の全体と考えたり、「部分から全体に及べ」ということではなく、教授を重んじ、復習を軽んじてきたことへの反省をすべきであるということをここで述べたかったのである。

有永は、この教授と復習をいかにして融合したらよいのか、そして、これまでの暗誦的復習をどのようにしたら乗り越えられるのかという点について関心を持っていたのである。

そこで、様々な復習のあり方について検討をしたのが、鹿児島附小における有永真人の復習法の研究であった。

3-2　自習時間における復習法指導の実際と児童の学習観

自習というと、教師のいない状況の中で、すべき課題が提示され、児童・生

徒自身の手により学習がすすめられるものという印象が強い。

　実際、複式学級や二部教授学校[28]における自習時間は、教師が児童につくことができなかった。このことから考えると、教員がいるのにも関わらず、自習時間を設定し、なおかつ児童に自習の指導を行うということは違和感があっただろうと思われる。

　鹿児島附小の自習時間においては、尋常科3年生から高等科2年生までの間、土曜日を除いて毎日のように教師の指導による復習指導や自習法の収得が展開され、段階的に自習ができるようなカリキュラムのデザインがされている。

　鹿児島附小では、自習がなぜ、放縦なものとならず、教師の指導を中心とした自習となっていたのだろうか。同校主事の有永真人の論考から読み取れる学習指導観や、自習時間・復習法に関する考え方を確認してみたい。

「教授の手数は、生徒自身が知識技能を習得する所以の方法、即ち学習作用の示す所に従って之を定めなければならぬ。もし生徒自身にしてよく自ら学習し、よく自ら収得することができるならば、必ずしも教授の必要はないのである。されど、児童生徒は雑然たる自然界や、系統立たざる人事界よりしてその学ぶべき知識技能の適当なるものを選択することができないばかりでなく、これらの知識技能を一定の順序方法に依りて、学習することを知らずして、たとえ自ら学習するにしても秩序なく系統なく、ただ漫然と行うにすぎないから、一定の系統あり、秩序あり考案ある経済的方法を持って、彼らの学習を指導し、扶助し、足らざるを補い、余れるを捨ててやらねばならぬ」[29]。

　児童・生徒自身が、自らよく学ぶならば、教授の必要は全くないのであるが、実際には難しい。こうしたことを教師が系統立てて、子どもの学びの扶助をするべきであると、有永は主張している。この有永の主張では、児童・生徒を自ら学ぶようにするには、知識・技能を一定の順序や方法により学習を指導し、扶助し、補うことの必要性が強調されている。

さらに、有永は、教師の役割とは何かという点について、次のように言う。

「彼等が、自らの述べ得るもの、自ら発見し得るもの、自ら行動し製作し得るものを、語ったり与えたりしてはならぬのである。そうしていくというと、児童生徒は終に自己を指揮し、自己を訓練する力を得、天賦の性質を広く発展することを得、真理を探求し自己創作の喜びを忘れず。従って其の行為や動作は主義あり、主張ありて、人としての存在を全うし、人類の一因として、国家の一民として、その至善至貴なるものを貢献するに至るであろう」[30]。

児童・生徒が自らできることを、教師がしてはならないと有永は言う。これは、自ら活動し、学習する意志を育てるために不可欠なことであり、児童・生徒ができることを教師がすれば、児童等は自ら動くことをやめてしまうということを十分認識していたと考えられる。

それでは、鹿児島附小では、どのようなことを、教師が行い、何を児童・生徒にさせようとしていたのだろうか。以下は、同校における国語読本を用いた復習法について示したものである。中でも、次の事例は、「新教授中に行う復習」の中で位置づけられたものとなっている。

国語科は、諸教科の集合体のようであり、これを遺憾なく取り扱うためには、各科各種の知識技能を要せねばならない。しかし、一見複雑に見える国語科においても、多くは練習的事項により構成されているのである。尋常科において取り扱われる読本の教材文で使われる文字は、当時、平仮名48字、片仮名49字、漢字1200字以内とされており、これをもって作られた語数も非常に多いというわけではない。文体の種類も、十数種に限られている[31]。従って、国語の読本教材は、新しい教材であっても、ほとんどが復習的取扱であるはずであり、これを単に朗読させることも、復習的教材であるはずであると有永は主張する。

以下は、新教授を復習的観点で教える教法と、指導上の留意点、そして、実際例である。

表 4-2　鹿児島附小における「新教授中に行う復習」の教法の事例

教法（1） 既授の文字・文章を読ましめ、これを反復する。	指導上の留意点（1） 教師はこの際、単に新材料のみを教授する。

【教材】
尋常小学読本（六）
第三「商業」
「商業をしても、正直にせんと、人が買ってくれませんから、銭がもうかりません（第一節）。」
「しかし、正直にさえすれば、人がたくさん買ってくれますから、銭がもうかります（第二節）。」
①　全文もしくは第一節を読ましむ。
②　「正直」と「銭」の読方を授く（板書）。

教法（2） 知れる部分を解釈せしめ、これを反復する。	指導上の留意点（2） 教師の作業、同前。

③　商業をしても、なぜ、銭がもうかりませんと書いてあるか。
　　「正直にせんと人がかってくれませんから。」
④　なぜ人が買ってくれねば、銭がもうからぬか。
　　「人が買ってくれねば、品物は、はけずして商業が出来ぬから。」
⑤　しからば、どうすれば人が買ってくれるか。
　　「正直にさえすれば、人がたくさん買ってくれますから、銭がもうかります。」

教法（3） 以上のごとくして、知得せる部分を話さしめ、これを反復する。	指導上の留意点（3） 教師はその不能の部分を補助する。

⑥　しからば、「正直」とはどんな事か。
　　「省略」

教法（4） 書方、同前。	指導上の留意点（4） 書方も読方も強いてこの順序に依らねばならぬというのではない。必要に応じていつでもおこなわねばならぬ。なお、書方は、聴、視、暗、三写を十分に練習せしむ。

⑦　「商業」「正直」「銭」「買う」を数回書け。

教法（5） 文章法の吟味。	指導上の留意点（5） 文の構成、区の使用法等を吟味せしむ。

⑧　この文章について、商業は銭をもうける仕事であることがわかるか。
　　「『商業をしても』の『も』の字によってわかる。」
⑨　「も」の使用法練習。
⑩　正直にすれば、一つの品物について多くのもうけをすることができぬが、それでも銭がもうかるか。
　　「品物がやすいから、人がたくさん買ってくれるから。」
　　「少しの品物で多くのもうけをせずともよい。」

教法（6） 朗読	指導上の留意点（6） これまた既教に則らしむ

⑪　第三「商業」
　　「商業をしても、正直にせんと、人が買ってくれませんから、銭がもうかりません（一節）。しかし、正直にさえすれば、人がたくさん買ってくれますから銭がもうかります。」

有永真人『復習に関する研究』（宝文館、1909年、221-222頁）を参考に筆者が作成。

新しく教授する教材であっても、その教材の中身は、児童にとって復習的な要素が含まれているという見方は大変興味深い。というのは、児童が、この教材を前にしたとき、内面的に何を学んでいるのかということについて教師の目線が注がれているからである。このことから、有永は、子どもの立場に立ち、教材をどのように受け止めて学ばせることができるかという点について、よく理解していたとみるべきであろう。まさに、教授する視点の中に、学習者による教材理解・教材解釈の視点が入っているわけであり、ここに復習法における、児童が学習することに対する見方、すなわち、「児童の学習観」がよく表れていると考えることができる。

　ここで、もう一つ有永の復習法指導において、特徴的な事例を取り上げよう。

　児童が、読本の教材文を学ぶ中で、知らず知らずの内に何度も出会っている頻出漢字がある。読本の中で、どの漢字が頻出漢字なのかを、頻出度数で、データとして有永は明らかにしている。

　有永は、子どもが、頻出する漢字は、習得が容易であるが、そうでないものは、あえて意図的な復習を心がけることが肝心であるとしている。読本における新出の教材文であっても、児童が、何度も触れることになる漢字とそうでない漢字がある。こうした場面を想定した有永は、頻出度数の少ない漢字については、注意して復習をさせる機会をとらなければならないと考えたのである。

「此の表は五十音に依りて彙類したるものにて、表中の数字は読本に現れたる度数を示したるもので、教授に際しては、此の度数を参考にして復習の度数を定むべきである。即ち表の度数の少なきものにして然も収得に困難なるものは、復習の度数を多くすべく、収得容易にして、表に表れたる度数多きものは、特に復習を要せざるべし」[32]。

　有永が示した、国語読本漢字頻出度一覧表は次の通りである。

表 4-3　国語読本漢字頻出度一覧表（一部）

ア行			
ア行	イの部	ウの部	エの部
赤　三一	家　四四	魚　六〇	衛　一七
雨　一四	今　四三	海　二六	円　一六
間　二一	入　三五	上　二六	易　一五
銅　二〇	祝　三一	売　一四	営　一四
秋　一五	糸　二七	受　一七	園　一四
油　一二	行　二〇	動　六	遠　七
遊　一一	色　一二	生　五	枝
有　九	員　一一	伺　三	
暖　八	稲　一〇	馬　三	
安　七	石　一〇	生　三	
後　七	出　九	内　三	
暑　六	右　八	梅　三	
預　六	勢　四	美　三	
青　五	壱　四	運　三	
愛　五	妹　四	植　三	
足　四	勇　四	歌　二	
兄　四	池　三	移　一	
合	移　三		
	板		

有永真人『復習に関する研究』（宝文館、1909 年、224-225 頁）の一部を参考に筆者作成

　また、有永は、漢字の覚えさせ方として、「へん・つくり」から教えたり、動物、植物などの名前から教える方法などを提示し、児童の心性に応じた学び方を推奨している[33]。このように、鹿児島附小の自習法指導は、ただ、教科書を与え、予習復習をさせるといった無味乾燥のものではなく、児童の発達の特性や「劣等児」の立場を考慮した学習活動を展開していたのである。

第4節 おわりに

　児童を対象とした初等教育の実践現場においては、子どものわかり方、理解のしかた、学び方がどのような道筋を辿っているかを無視するわけにはいかなかった。教師が、教えることに熱心になればなるほど、「劣等児」が増えるという問題状況に遭遇したとき、子どもが理解するとは、どのようなことなのか、いかにすれば、子どもが理解できるのかという点に教師の目が注がれるのは当然のことである。

　鹿児島附小における自習時間の特設の目的は、一斉教授による、「劣等児」の救済という、できない子どもにどのように理解させるのかという点にあった。その意味で、なぜ、子どもが「おちこぼれて」しまうのかということに対する問題意識と、その問題を克服するためにどうしたらよいのかという実践的課題を、木下も有永も常に持っていた。

　従って、「劣等児」への個別指導を行う際に、新しい教材を学んでいく時も新教材に含まれる復習的要素を意識しながら、反復指導を行うといった点に配慮された学習が展開された。その中で、高等科においては、いかに自らの学びが行われているかどうか、自省、省察させたり、予習に取り組ませたりする自習法指導の系統を構成していた。国語読本の新出漢字に関しても、その漢字の頻出の度合を一覧表に表し、漢字習得の機会が、一つひとつの漢字によって異なることに注目したのは、あくまでも学習者の立場に立つことができたからに他ならない。

　木下竹次は、後に『学習諸問題の解決』（明治図書、1927年）の中で、学習法において、反復復習を否定しないとの見方を示している。

「反復練習の秘訣は、反復練習を知らずして之を行うにある。また、反復練習に特に時間の消費をしなくても、反復練習のできる様にすることである」[34]
「異なった学習事実に依って、同一要素の反復を多くせんとすることである。（中略――引用者）国語の学習では、たくさん読めば、自らある文字語句は度々

出て来る」[35]。

　木下は学習法において、反復練習は大切であり、その反復練習のさせ方が問題であることを後に述べているのだが、実は、鹿児島附小の有永の復習法の中に、後の学習法にかかる知見は得られていたのである。
　これまで、自学主義教育実践が、訓育的であり、教科書の予習復習に終始していたとうけとめられていたが、この鹿児島附小における自習時間の特設や自習法の指導においては、実際に訓育的な側面のみが強調されているわけではなく、単なる教科書の予習、復習のための時間というだけで終わるものではなかったということがわかる。児童の理解の仕方に関心を持ち、「劣等児」となった児童へどのような指導をすべきか、自ら学習者としての主体性を発揮させるには、どのような段階を踏んで、自習法の指導をしたらよいのかという指導の観点が実践の中にあった。
　鹿児島附小では、「この方法を永続的に研究して改良し、落第生を全滅させたならば、再び世に問い、学級教授と個人教授の調和をはかる端としたい」と自習法研究の今後の展望を述べている。
　同校では、学級教授と個人教授の調和をはかる研究の端緒として自習時間の特設、自習法指導を実践しているのであり、これが、到達点とは考えていない。学級教授の欠点をいかに克服するかが、最終的な課題であるという認識をしていると思われる。
　木下が奈良女高師附小で行う独自学習、相互学習は、個人教授と学級教授を、自習法という主体的な学習法を習得させた到達点として奈良で大成されたものであり、鹿児島においてその礎がつくられたと解釈できるのではないだろうか。
　明治末期、複式的学級編制が徐々に解消されるとともに、就学率の向上が、学級教授という一斉教授方法を定着させることに拍車をかけた。このことによって必然的に生じた「劣等児」に対する救済を目的として自習時間の特設と自習法の指導が行われた。「劣等児」であればこそ、発動的な教育、すなわち主体的な学習法を習得させることにより、児童にとって効果的な学習になると、

自学主義教育を実践する教師たちは考えていたのであろう。

「劣等児」の救済のために教育方法を改良しようとする動きはこの時代の教師たちの共通した動きであった。新教育運動で活躍する教師達の子どもをみる目線は、すでにこのとき準備されていたのである。

明治末期、木下竹次の鹿児島時代において、自習法研究にともに関わった河野伊三郎、吉田惟孝、そして、岡千賀衛の福岡時代において自学輔導研究にともに関わった清水甚吾が、後の大正新教育運動で活躍したことに鑑みれば、後の大正新教育運動の原点として、この時代の自学・自習法に関する実践があったことは、注目されねばならない。

鹿児島附小では尋常科1、2年生での自習時間の特設は行っていなかった。梅根悟は、低学年児童における自学の可能性があるならば、教科書を用いて分科的に学習を行うのではなく、合科的に取り扱うことにあるという点に木下は気づいたとしている。

「木下の実践の跡をたどってみますと、最初は主として小学校高学年の子どもたちが、教科書に書いてあることなどを自分で勉強する、つまり『自発学習』とか『自学自習』とかいうようなことをやらせようというのがねらいだったのです。でも、それは低学年ではやれないといっていたんです。しかしやってはみたい…。低学年から自発的にやらせてみたいと考えた時に、これは国語だ、算数だ、社会科だ、修身だといったような教科別に自分で勉強するということでは、駄目だということ、教科をこえなきゃいけないということに気がつきまして、それで生活単元というのを始めたんですね」[36]。

本研究では、低学年児童を対象とした自習法や低学年合科学習の萌芽とみられる実践を見出すことはできなかった。しかし、有永は、若干ではあるが、話方・綴方での形式的方面に関わる自習法や低学年児童の自習で用いるべき教材について記している。

「此期は学習の初期なるを以て、できるだけ規則立ちたることを避け、児童の自然的発達の程度に応じてその蕪雑なる思想を十分表出せしめんことを力め、あまり干渉を与えぬがよい。然らざれば、彼等思想の発達を障害し綴方を厭うようになる」[37]。

「尋常一二年にては主として具体的事物中、日常の所見に属する器物、絵画類と、自己の親しく実践する動的事物、即ち途上見るところとか、学校生活中にて為したる事項などを話さしめ、綴らしむべきである。之に加ふるに他の教科にて学びたる簡単なる事項及び感興を起こせし童話、寓言類を用いるのである」[38]。

このように、有永は、低学年児童に対する自学は、あまり干渉をすることなく、児童の身の回りの生活の中から素材を見つけ、話をさせたり、作文を書かせたりすることが大切であるとしている。鹿児島附小において、低学年の自習時間を特設してはいなかったが、有永のこれらの論稿を見る限りにおいて、低学年自習法の指導や合科学習の可能性を否定しているわけではないことが分かる。どの時期に、木下の低学年合科学習が構想され、実践が始められたのかについては、さらに史料の発掘も含めて検討していくべき課題である。

また、こうした師範学校附属小学校における研究の成果は、いかにして周辺の学校と共有化されていったのであろうか。明治末期になると、附属小学校と地方の一般の小学校との間で、実践研究交流が盛んになり、教育会会報や教育雑誌なども多数刊行されるようになる。こうした視点からの自学主義教育の広がりについての研究はまだ不十分である。この点も、さらに今後の課題としていかねばならない。

註

1　稲垣忠彦『明治教授理論史研究』評論社、1966年。
2　活動主義教育や自学主義教育にかかわる論考は、1900年代における雑誌に数多く紹介されている。特に、「活動主義論争」については、久木幸夫「活動主義論争」（久木幸夫、鈴木英一、今野喜清編『日本教育論争史録』第2巻近代編（下）、第1法規、1980年）に詳しい。
3　樋口長市『自学主義の教育』金港堂、1922年、3頁。
4　木下は、鹿児島県師範学校教頭から鹿児島県女子師範学校長、京都府女子師範学校長を経て、1919（大正8）年、奈良女子高等師範学校附属小学校主事となると、着任早々自習時間の特設の構想を打ち出す。そして1年間の準備期間を経て、1920（大正9）年から自習時間において自習法（後の学習法）研究に乗り出す。木下の「奈良女子高等師範学校附属小学校職員会議録」における自習時間の特設にかかわる記録は以下の通りである。（奈良女子大学文学部附属小学校編『わが校五十年の教育』奈良女子大学文学部附属小学校、1962年、34-35頁。）

・1919（大正8）年4月25日、早晩自習時間を設定したき考えなり。
・1919（大正8）年10月10日、自習は個人指導に重きを置き、十分徹底せしむること。ノートの使用方法についても、十分指導されたきこと。
・1920（大正9）年1月19日、休業中に各研究部会において、自習時間の研究調査をはかられたし。
・1920（大正9）年2月5日、児童自習法調査案に関する協議。
・1920（大正9）年2月20日、自習用の設備、器具、器械等を学年別に調査研究。
・1920（大正9）年3月29日、特設学習時間、特設方案、其他の関係事項について。特設学習時間を第1時限に置く。

　このように、木下が、奈良着任早々に、自習時間の特設を訴えている点からも、木下の学習法の基となる自習法構想は、すでに、以前から準備されていたといってよい。
5　小原国芳は、自身が鹿児島県師範学校の学生であった経験から、木下の鹿児島時代の業績を積極的に評価し、「先生は、学生用の参考書をズイブン買い込んで、自学自習を奨励されました。時間外に特別の自学の時間を設けたり、いろいろと自発的、自啓的な訓練をしてくださいました」と自らが実際に木下の指導を受けたことを回顧している。小原国芳「恩師、木下竹次先生をたたえる」木下竹次『学習各論』目黒書店、1923年、復刻版、玉川大学出版部、1967年、563頁。
　また、鰺坂二夫は、鹿児島女子師範学校附属小学校に1915（大正4）年に入学し、木下の自習法に基づく教育を受けたことを次のように回想している。「『学習原論』の素描が、すでに鹿児島の女子師範附属に於いて描かれていたのである。たとえば、私たちに与えられた時間割には、週2～3時間ばかりの自習という時間が置かれていた。それは、しばしば多くの学校で見られる自習—先生が病気で休まれた、会合のため出張された、だ

第 4 節　おわりに　　183

からこの時間は自習だというような自習—とは全然違って予め一週間の授業計画の中に組み込まれていた。」(鯵坂二夫「木下先生の想い出」木下亀城・小原国芳編『新教育の探究者木下竹次』玉川大学出版部、1972 年、178 頁。)
6 　中野光『大正自由教育の研究』黎明書房、1968 年、48 頁。
7 　主な自学主義教育に関わる先行研究として、梅根悟『新教育への道』(誠文堂新光社、1947 年)、梅根悟「日本の新教育運動」(東京教育大学教育学研究室編『日本教育史』教育大学講座 3、金子書房、1951 年)、中野光『大正自由教育の研究』(黎明書房、1968 年)、川合章『近代日本教育方法史』(青木書店、1985 年) などがある。
8 　川合章『近代日本教育方法史』青木書店、1985 年、124 頁。
9 　同上、125 頁。
10　豊田久亀『明治期発問論の研究』ミネルヴァ書房、1988 年。
11　今野三郎「明治後期教授論の動向 (1)」『教育学雑誌』日本大学教育学会紀要、第 33 号、1999 年。
12　同上、17 頁。なお、(　) は引用者による。
13　深谷圭助「岡千賀衛の自学主義教育論—1900 年代、福岡時代の実践を中心に—」(『名古屋大学大学院教育発達科学研究科紀要 (教育科学)』2004 年度、第 51 巻、第 1 号、2004 年 9 月。
14　深谷圭助「明治末期福岡県公立小学校における自学主義教育の実際」全国地方教育史学会紀要『地方教育史研究』第 26 号、2005 年 5 月。
15　「自学主義教育の唱道者」として知られる谷本富は、岡千賀衛と及川平治を評して次のようにいう。「福岡県の師範学校で岡千賀衛氏などが実施に尽力し、関県之に随うと云う風で、やがて岡氏は抜擢せられて東京高等師範学校附属小学校に任用された程であり、更に又、兵庫県では明石の女子師範学校の及川平治氏が一層これを拡大していわゆる分団式の動的教授法を案出せられ、忽ちにして非常の優勢となったようである。」(谷本富「自学の唱道者として」自学奨励会編『自学主義の教育』隆文館、1919 年、6 頁。)
16　及川平治「為さしむる主義による分団式教授法」『全国附属小学校の新研究』金港堂、1910 年、962-980 頁。
17　橋本美保「及川平治『分団式動的教育法』の系譜」『教育学研究』第 72 巻、第 2 号、日本教育学会、2005 年 6 月、220-231 頁。
18　中野光「及川平治の教育理論と実践」及川平治『分団式動的教育法』弘学館、1912 年、復刻版、明治図書、1972 年、319 頁。
19　及川平治は、1908 (明治 41) 年 6 月から、Batavia system (バタビアシステム：1898 年、アメリカのニューヨーク州バタビア市で創案された学級一斉教授に個別教授を加味した教授組織) を取り入れ、及川自ら劣等児の個別教授を担当した。
20　鹿児島県師範学校附属小学校「自習時間の特設」『全国附属小学校の新研究』金港堂、1910 年、168-174 頁。
21　鹿児島県師範学校附属小学校の史料は、1945 (昭和 20) 年 6 月 17 日の鹿児島大空襲に

より焼失している。そうした状況を反映してか、同校に関する先行研究は少ない。また、有永の著書『復習に関する研究』には、所属名、肩書が同書に記載されておらず、有永が木下竹次の鹿児島時代の附属小学校主事であったことは知られていない。筆者が、有永が木下と同時期に鹿児島師範学校主事であることを知ったのは、有永が前鹿児島県師範学校主事であることを示す文を同書の巻末広告から見出したことによる。なお、有永と木下が同時期に勤務していた事実は、鹿児島大学附属図書館蔵書、鶴嶺会『發華―創立五十周年記念号』（第31号、1926年）で確認している。

22 鹿児島県師範学校附属小学校「自習時間の特設」金港堂編集部編『全国附属小学校の新研究』金港堂、1919年、173-174頁。
23 当時の学級における、複式学級や単級学校の実態については、門脇正俊「『複式教育用語の歴史的系譜についての一考察』（付「合級・単級・複式教育関係文献目録」）」『北海道教育大学紀要』（第1部C、第41号、第1号、1990年、59-71頁）に詳しい。
24 自治民育や地方改良運動と小学校教育とのかかわりについては、笠間賢二『地方改良運動期における小学校と地域社会』（日本図書センター、2003年）に詳しい。
25 有永真人『復習に関する研究』宝文館、1909年、23頁。
26 同上、23頁。
27 同上、23-24頁。
28 二部教授学級とは、「二学級を一人の教員にて担当する制度」（日本教育学術協会編『現代教育辞典』（不朽社書店、1934年）であるが、一つの学級で授業を行っている間に、もう一つの学級において、子どもたちだけで自習をさせている教授方法をとることが多かった。明治末期、就学率の向上と教員の不足により、過大学級が増加した。過大学級・二部教授問題については、志村廣明『日本の近代学校における学級定員・編制問題―過大学級・二部教授問題を中心として―』（大空社、1998年）に詳しい。
29 有永、前掲、72-73頁。
30 同上、73頁。
31 同上、217頁。
32 同上、223-224頁。
33 同上、234頁。
34 木下竹次『学習諸問題の解決』明治図書、1927年、203頁。
35 同上、206頁。
36 梅根悟、石川松太郎「木下竹次」『近代日本教育の記録 下』日本放送出版協会、1983年、77頁。
37 有永、前掲、267頁。
38 同上、265-266頁。

結 章

本研究の考察と残された課題

結　章　本研究の考察と残された課題

　以上、明治末期に小学校で繰り広げられ展開された自学主義教育実践を対象として、学習者の主体性形成のための教育方法の特質と、自学主義教育の大正新教育への接続について検討してきた。

　自学主義教育のもつ多義性、多様性から、検討せねばならない課題は未だ残されているが、結章では、本研究で明らかになったことを、章構成の順序に従って、要約することを通して指摘しておくことにする。

　そして最後に、本研究の成果により今後どのような近代日本教育方法史研究への見通しが得られたのか、残された課題は何かについて述べておきたい。

　第1章では、明治末期における自学主義の代表的実践家とされてきた岡千賀衛の自学主義教育論が、どのようなものであったかを明らかにすることを課題としてきた。

　これまでの先行研究によれば、わが国における自学主義教育論は、1905（明治38）年12月から1906（明治39）年6月に行われた京都市・府教育研究会における教育学講義において谷本富が唱導し、その影響を受けた福岡県師範学校附属小学校訓導岡千賀衛が自学主義教育実践を行い、理論化されてきたといわれてきた。

　この谷本の自学論は、彼が渡欧中にドモランの著書に影響を受けて構築したものとされてきた。谷本はドモランの独立自営の教育論に影響を受け、自学論を展開したのである。

　ところが、岡は、1903（明治36）年の時点において、すでにドモランの著書を引用しており、谷本の1905年12月から1906年6月にかけて行われた京都での教育学講義より2年も早い時点で。岡はドモランの独立自営の考え方に影響を受けていたのである。おそらく岡は、前年秋に翻訳出版された、ドモラン著・慶應義塾訳『獨立自営大国民』（金港堂、1902年）を読んでいたのでは

ないかと推測される。
　これまでの通説では、

　　ドモラン　→　谷本　→　岡

という順で、自学主義思想が伝播したといわれていた。ところが、岡千賀衛の著書を丹念に読み解いていくと、岡が谷本の自学輔導論に接する前に、ドモランの著書に接し、福岡県師範学校附属小学校勤務以前の、公立小学校時代に自学を旨とした教育実践を展開していたのである。
　岡が谷本の影響を受けていたとされる根拠は、岡の主著である『自学輔導新教授法』の序文において、谷本からの手紙を岡が同書に転載したことにあった。しかしながら、今野三郎もすでに指摘したように、岡は、谷本の影響を強く受けて自学主義教育を展開したわけではなく、様々な文脈のもとで岡独自の自学主義教育論を形成していったのである。すなわち、

　　ドモラン　→　岡　←　谷本

のように、ドモランの著作からまず影響を受け、自己の自学主義教育実践をすすめ、自分の実践に対する助言を谷本に求めたというレベルだったのではないだろうか。
　実際に、岡が谷本に出会ったのは、福岡県師範学校附属小学校転勤後であり、それまでに富原高等小学校において「児童自修時間の特設」や「児童図書館」の具体的方策を打ち出している。
　谷本は、実践家ではなかったが故に、岡の実践に対して具体的な助言ができるような内容を持ち合わせていなかったであろうことは首肯できる。岡は谷本の影響をうけて、自学主義教育実践を開始したわけではなかったのである。
　では、岡は、誰の影響をうけていたのだろうか。前述のドモランの著書がまず挙げられるが、その他に誰の影響をうけていたのだろうか。
　岡のこの頃の論文に、「活動主義的教育主義」（『福岡県教育会会報』第79号、1905年）がある。この論文の表題にあるように、岡は、樋口勘次郎の活動主

義の影響をうけていたことがうかがわれる。岡の師範学校在学中に出版された、樋口勘次郎の『統合主義新教育法』（同文館、1899年）を読んだ岡は、活動主義教育に触発され、児童が自らの意志で活動し、学ぶための教育方法を工夫していたと考えられる。

岡は、もともと「独立自営」に関して大きな関心をもっていた。第2章において詳説したように、福岡県では、日清戦争後、資本主義社会が急速に進展し、県内外からの人口流入により、旧来の地方自治の枠組みが揺るぎつつあった。

日露戦争による政府の債務増大と税収の伸び悩み、そして資本主義社会の急激な進展による地方自治の動揺に対し、1905年から1910年頃にかけて、内務省は地方改良運動に乗り出すことになった。地方改良運動では、地方人民の「公共心の育成」をめざした「自治の訓練」が重視され、児童の住む町村の振興に如何に貢献させるかという観点を重視した教育が展開された。こうした動きの中で福岡県の小学校教育において「独立自営」はキーワードとなっていた。

また、学校現場は、こうした社会的な学校教育への要請、すなわち、地方における教化の中心としての役割だけでなく、学校自身が抱える問題が存在し、児童を自ら主体的に活動させなければならない要因が存在していた。

それは、過大学級、複式学級の割合が高く、教員不足、教室不足の状況が続いていたということである。岡自身も、そうした教授が困難な状況下において、教室における児童の主体性を育てる教授法、即ち自学主義教育に関する研究を行うようになったのである。

以上の論点を整理すると次のようになる。

(1) 福岡県は、官営八幡製鉄所の開設（1901年）を契機として、石炭産業が急速に進展し、資本主義経済の影響を強く受けるともに、急速に変化しつつあった地方自治をめぐる状況を打開するために、学校教育の現場において自学主義に基づく教育を推進する必要があった
(2) 内務省が地方自治体に対し、自治民育政策を進め、そのセンターとしての機能を小学校に求めようとしていた

(3) 当時、岡は専ら複式学級を担任し、複式教授法研究に取り組んでおり、児童に「独立自営」させなければ、単級や複式学級が成立しえなかった

　岡は、明治末期に教育現場に対して向けられた社会的な要請や、自身の学級教授の問題に対する具体策として、1905（明治38）年4月、「児童自修時間の特設」や「児童図書館の設置」などを挙げ、児童の自学・自治教育の必要性を強調した。

　福岡県の山門郡の一訓導であった岡は、当時、福岡県が置かれていた社会状況と活動主義教育の流行を敏感に察知するとともに、自らの受け持つ学級の教授法改善に資する教育理論と実践を求め続けていた。

　当時の学級を巡る状況は、複式学級、過大学級が多く、必ずしも教員が教授を展開するのに適した状況ではなかった。岡も例外ではなく、実際に複式学級を担任することが多かった。当時、師範学校附属小学校では、地方の学級の形態を再現し、その学級における教授法に関する研究が展開されていた。岡は、福岡附小においても東京高師附小においても、複式学級を任され、その学級教授上の課題を克服するために、学習の自働化や自習法の指導に大きな関心を寄せていたのである。

　このように、岡は、実際に自らが担当した学級である複式学級において、如何にすれば、効率的効果的に教授し得るかについて、関心を持ち、その理論的背景として、樋口勘次郎の活動主義や、谷本富の自学主義を取り入れ、複式学級における自学を実践しようとしたのである。

　福岡県師範学校において、岡が指導をした新任教員であった清水甚吾は、単式学級で、複式的指導をするために自修法や分団指導をすることを構想し、1911（明治44）年、奈良女子高等師範学校附属小学校へ転任後、単式学級における分団教授法および、学習法に関する研究に従事することになる。奈良の学習法が、その後、日本の教育実践に与えたインパクトを考えれば、清水に大きな影響を与えた岡の自学主義教育実践の果たした役割は極めて大きいと考えるべきであろう。

```
岡千賀衛・清水甚吾「自学主義教育」
（1909年）福岡県師範学校附属小学校
```
→
```
齋藤諸平『学習輔導の原理と実際』
（1926年）岡山県倉敷町立倉敷小学校
```
↕
```
清水甚吾・齋藤諸平『分団教授の実際』
（1915年）奈良女子高等師範学校附属小学校
```
↓
```
岡千賀衛・小林佐源治「複式教授法」
（1914年）東京高等師範学校附属小学校
```
↕
```
清水甚吾『学習法の実施と各学年の学級経営』
（1923年）奈良女子高等師範学校附属小学校
```
↓
```
小林佐源治「自学中心学級教授法」
（1921年）東京高等師範学校附属小学校
```

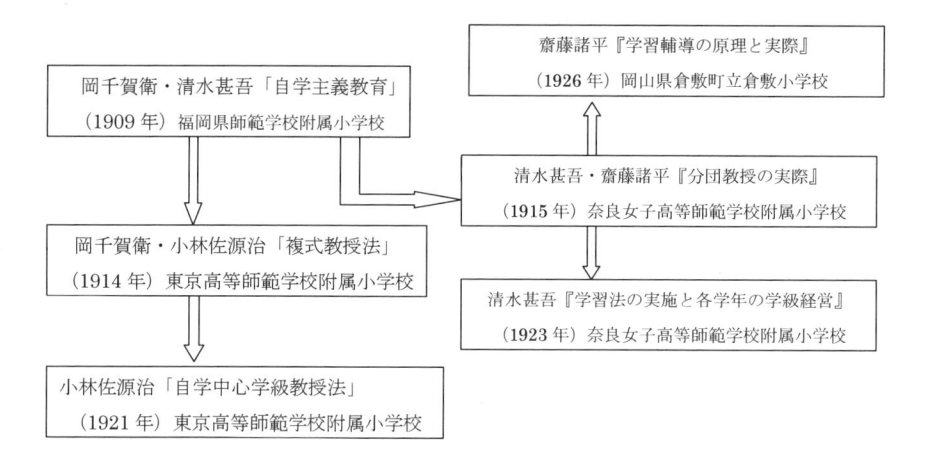

図5-1　明治末期から大正期にかけての福岡から始まる自学主義の系譜図

図5-1は、岡と清水を軸とした自学主義教育の系譜を図示したものである。

さて、岡の福岡附小での勤務は、僅か2年6ヶ月であり、同校において、実践研究を展開するにはあまりにも時間が短かく、岡の自学主義教育実践の具体をあらわす史料は不明である。ただし、岡の自学主義に基づく授業実践の様子は、東京高師附小時代、1909（明治42）11月の複式研究会の記録から知ることができる。

岡が授業の授業批評会で述べた言葉にもよくあらわれているように、複式学級における方法単元の場合、どのような教材を選ぶべきか、そして、自学をさせる方便物としてどのようなものを準備しておくべきなのかという点が重要とされていたようである。授業批評会における問答から分かるように、複式学級において、どの教材を用いるのかについては、かなり弾力的取り扱いがなされていた。子どもの興味や関心に合った、児童自らが自学していくのに適した教材が選ばれていたのである。

また、教材をどのようなものを選択するのかという点については、子どもの実態に合ったものを用いたいという教師等の声は、かなり以前から上がってい

たようである。以下は 1898（明治 30）年に『愛知県教育雑誌』第 128 号に掲載された論考である。

「教育に二種あり、栄躍的教育、実用教育之れなり然して方今専ら行はるる所の教育は如何吾人の見て以てすれば、実用的教育に近きものはなはだ少なく栄躍的教育に類するもの多きやを疑う試み思へ。小学校の普通教育なるは何人も之を知る所なれも従来小学校が教課とする所のものを以て我が国現在の国勢民情に照合するに之を普通と云う否。吾人之を有識の士と共に査察せざるべからざるなり。今日小学課程の柱心にして実用に適するもの稀なるは都□市郡の別なく農業地と商工業との別なく同一の教課書を用ゆるか如きはその其の宿弊の主因たるは吾人が信じて疑わざる所なり。若し教育家にして実用教育に志あらば、農業地には農業に要する教育を加え商業地には商業に関する教育を挿し工業地には工業に属する教育に富ましむるの案必用なり。然るに土地の情況に従い教課を分つの繁を去り単に画一の教課書を用ゆるは之れ周処を欠かざるなからんや。地理書の教授法等は反つて奮時に及ばざるが如き感なかるべからず。古人曰く之を苦むものは好むものに如かず之を好むものは之を楽しむ者に如かずと今生徒の知識を開発せんと欲すれば之を楽しましむべくして之を苦ましむべからず。奮昔寺子屋教育の頃、習字の傍ら、都路は五十路余りに三つの宿抔と口調好み、東海道の宿駅を教えたるに今や地理書中口調好きもの極めて少し此の口調悪き教課書を暗記せしむるは之れ児童の脳髄を痛め之を苦悩せしむるなり。注入的教育の付加なるを説き、開発的教育の要を論ずるは今日尤も盛なるに実際は拙劣の注入的教育を行いつつあるなり。教育家既に言行の一致を欠く其美化を受るものの言行表裏相協はざるは何ぞ怪しむにやらん」[1]。

このように、児童の学び方、分かり方に適した教材を用いることの必要性については、現場の教師から 1900 年前後にすでに指摘されていたのである。

明治末期以後の教科書教材の教育現場における位置について、市川博は以下

のように、整理している。

「教科書の国定化によって、教科書はさらに金科玉条とされ、教師の裁量は、皇国民の錬成を図るための指導方法上の工夫にしか許されなかった。大正時代、新教育思潮が高まり、教育現場に自由な雰囲気が生まれたが、大正末期の1924年、松本女子師範学校附属小学校の川井訓導が修身の時間に教科書を使用しなかったことが指弾される等、それ以降、軍国主義の支配が一段と強化された」[2]。

「教科書は教科書の国定化によって、さらに金科玉条とされ、教師の裁量は、皇国民の錬成を図るための指導方法上の工夫にしか許されなかった」と市川は主張するが、第1章で示した岡の授業の様子から分かるように、1904年に教科書国定化が決定された後も、子どもの実態に応じて、教科書は選択せざるを得なかったのである。明治末期の教室の状況としては、複式編制学級がまだ多く、同学年児童に対する一斉授業が成立しえない状況が当たり前のように存在していた。

この時代からやや遅れるが、表5-1は1920（大正9）年における全国の市町村立尋常、高等小学校における複式編制学級の実態である。全国の尋常小学校のうち、7割が複式編制学級をもつ小学校であり、高等小学校においても、6割近くが複式編制学級を持つ学校であった。複式編制の学級は、明治末期の段階においては、なお多くの学校に存在しており、一斉指導により同じ教科書教材を用いて教えるということが困難であったと考えられるのである。

当時の教育現場において、授業がまず成立するかどうか、児童が授業を理解しているかどうかということが重要であった。複式学級では、児童に自学をさせなければ授業は成立し得なかったわけであり、岡の授業の批評会で問題になっていた問題は、一つは教材の選び方の問題であり、もう一つは、方便物をどのように活用し、自習法をどのような系統で指導しているかという問題で

表 5-1 大正 9 年における全国市町村立尋常・高等小学校における複式編成学級の実態

	尋常小学校 市町村立	尋常小学校 私立	高等小学校 市町村立	高等小学校 私立	尋常高等小学 市町村立	尋常高等小学 私立
単級	1170	15	17	20	1	3
二級	2187	44	40	7	57	3
三級	2307	17	35	0	241	7
四級	827	5	15	0	793	3
五級	545	6	15	0	663	2
複式学級学校合計	**7036**	**87**	**122**	**27**	**1755**	**18**
複式学級学校割合	**70.28%**	**72.50%**	**57.81%**	**100%**	**16.88%**	**54.54%**
六級	1375	14	10	0	711	3
七級	191	1	13	0	2295	3
八級	115	3	6	0	1149	5
九級	111	0	3	0	599	0
十級	100	5	7	0	524	0
十一級	80	2	7	0	485	0
十二級	211	1	7	0	466	1
十三級	82	2	9	0	477	0
十四級	63	1	5	0	642	0
十五級	54	1	4	0	253	1
十六級	55	0	4	0	175	0
十七級	55	1	3	0	118	1
十八級	82	0	3	0	112	0
十九級	46	0	3	0	90	0
二十級	47	0	5	0	89	0
二十一級〜二十五級	199	1	0	0	282	0
二十六級以上	109	1	0	0	168	1
単式学級学校合計	**2975**	**33**	**89**	**0**	**8635**	**15**
単式学級学校割合	**29.72%**	**27.50%**	**42.19%**	**0%**	**83.22%**	**45.46%**
合計	10011	120	211	27	10390	33

鹿児島登左「単級小学校の過去現在及将来」『教育研究』第 215 号、1920 年、61 頁より筆者が作成。

（太字—引用者）

あった。
　これらは、すべて、授業が成立し、児童が学ぶことを保証する授業となっているかという点であり、市川の「皇国民の錬成を図るための指導方法上の工夫しか教師の裁量はなかった」という主張は、この時期の学校、教室の実態には通用しなかった。明治末期の地方における授業のレベルでは、市川が重視する点が、授業づくりの重点とはなり得なかったと考えられるのである。複式学級での指導法研究に取り組んでいた岡千賀衛により自学主義教育実践が生みだされ、後に清水甚吾らに大きな影響を与えたことを考えれば、当時の学級をめぐる状況が、自学主義教育を育み、後の大正新教育運動を展開する礎となったといっても言い過ぎではあるまい。

　第2章では、明治末期、岡千賀衛や清水甚吾が自学主義教育を実践し、当時、「自学主義教育の中心地」の一つといわれた福岡県の自学主義教育の実際が、どのようなものであったかを穂波小の事例を中心に明らかにすることを課題としてきた。
　明治末期の福岡県は、1901（明治34）年の官営八幡製鉄所の開設や、そのエネルギー供給源となった筑豊炭田の開発にともない、資本主義経済の波が押し寄せた地域であった。急激な人口の流入により、地方自治のあり方は変わらざるを得なかったのである。当時の炭坑経営者は、炭鉱労働者子弟の教育のために資金を提供している。穂波小はこうした炭坑町の高等小学校であった。
　また、日露戦争後の、地方農村の疲弊を支援するために、自治民育、地方改良運動が内務省官僚井上友一らを中心として展開された。その中で中心的な役割を求められたのが小学校だった。
　地方におけるめまぐるしい変化に呼応して、新しい教育、自学・自治的な教育が求められ、教育方法の工夫改善が行われていた。この地方改良運動の模範地域とされたのが福岡県であった。
　豊田ひさきは、大正新教育期に、こうした地方の抱える問題を、自学自治を重視する教育であるダルトン・プランにより改善しようとする動きが見られた

ということを以下のよう述べている。

「大牟田市のダルトン案教育の背景には、三井炭坑等の開発で人口が急増し、炭坑争議も起こる中で炭坑主が資金を提供したもの。（著者中略）倉敷小学校のドルトン・プランも倉紡社長大原孫三郎が、市の労働者子弟急増への対策としての投資の一環である」[3]

この明治末期に展開された、福岡県における自学主義の全県的な教育運動は、後に、大牟田プランに代表される組織的な教育内容改善への動向を生みだすことになる

後年、福岡県では、大牟田市において大牟田市視学であった梯英雄が中心となって、ドルトン・プランの教育を全市の8つの小学校（7つの尋常小学校、1つの高等小学校）において実施し、注目された。この教育を大牟田市案の教育と呼んでいる。

大牟田市は、三井三池炭坑を背後に抱えており、第3章で取り上げた嘉穂郡とよく似た背景が存在していた。

大牟田市案の第1回公開は1924（大正13）年に行われ、以後、1926（大正15）年までの3年間にわたって毎年研究の成果は発表されている。これらのまとめとして、梯英雄『大牟田市案の教育』（イデア書院、1926年）が公刊されている。

当時、大牟田市長であった岩井敬太郎〔在任期間、1922（大正11）年3月～1929（昭和4）年8月〕は同書に序文を書くなど、教育に対して深い理解を示した首長であった。

実際に、市長や市会議員、市民の協力があってすすめられた大牟田市案であるが、8つの市内すべての小学校で実施するには、梯視学を始めとした、各小学校からの30名の委員の尽力によるところが大きかった。これらの30名の委員は、明治末期から大正初年にかけて、福岡の自学主義教育において活躍した教員ばかりであった。

例えば、梯英雄は、東京高師附小で、後に樋口長市と共に自習法研究に取り組んだことで知られる立石仙六と、1902（明治35）年頃に福岡附小の同僚として勤務し、8校のドルトン・プラン実施校の中の中心的な役割を担った高等小学校校長織田百郎は、岡千賀衛や清水甚吾と共に、1906（明治39）年頃、福岡附小で勤務し、自学主義教育について学んでいる。

こうした自学主義に対する理解や素養がなければ、市内全校で自学主義の一つの究極の形であるドルトン・プランに取り組むことは難しかったであろう。

他の地域のドルトン・プランに基づく教育は、強力な校長、主事のリーダーシップに基づく単独校である場合ばかりであるが、大牟田市のような組織的で実質的な教育方法を共有しながらの教育実践は他には見られなかった。同市の教育は、明治末期以来の自学主義教育の土壌と、その教育を支える地域の支援があったからこそであったと思われる。

岡山県倉敷において、紡績業で財を成し、さまざまな社会貢献をすることで、その名を知られた大原孫三郎は、教育問題にも深い関心を示し、1905（明治38）年12月には、谷本富を招聘して、日曜講演会を実施している。当時、岡山女子師範学校附属小学校訓導で、谷本の講演を聴講していた齋藤諸平（1882-1952）は、二箇学年ないし、五箇学年により成る複式学級において自学主義に基づく教育実践に着手していた。齋藤は、この時の谷本講演に大いに刺激をうけ、自学に基づいた教育実践の構想を膨らませたと後に語っている。

1911（明治44）年、齋藤は、奈良女子高等師範学校附属小学校訓導となり、福岡出身の清水甚吾とともに、「個別教授を加味したる分団教授」に関わる研究に取り組み、『分団教授の実際』（弘道館、1915年）を清水との共著で出版している。

そして、齋藤は、1915（大正4）年11月に、岡山県玉島小学校校長として、また、1921（大正10）年に倉敷小学校校長として岡山に戻り、個性尊重、自発活動に基づく教育実践に取り組んでいる。齋藤の倉敷小への招聘にあたっては、1918（大正7）年に倉敷町町長となった原澄治が尽力をしたようである。斉藤は倉敷小着任直後、1921（大正10）年4月14日に欧米教育事情視察に出

発している。これは、岡山県当局が、中等学校、小学校、教育行政担当者各1名を派遣したものである。この視察で、齋藤は、ドルトン・プランに出会い、倉敷小において実施することになる。なお、この理論と実践をまとめた齋藤著『学習輔導の原理と実際』（廣文堂書店、1926年）には、齋藤を招聘した倉敷町長原澄治が序文を著している。

　このように明治末期の福岡県や大正期の岡山県倉敷町には、新興工業地域としての急速な地域の変化という地域的文脈が存在し、その中で小学校教師たちは、児童の主体性を重んじる教育に取り組んでいた。大牟田でも倉敷でも、その地域が近代的資本主義経済に組み込まれるなかで、どのような人材育成が求められ、社会の中で小学校がどのような期待を担うことになるのかを認識しなければならない状況下にあった。

　大牟田や倉敷のドルトン・プランの実践よりも10年以上前に、福岡県の公立小学校である穂波小で、自学自治を重んじた教育実践が行われていたという事実は、近代日本教育方法史上、看過することのできない事実であるといわざるを得ないのではないだろうか。

　日清・日露戦争後、農村においても新興工業地域においても、旧来の地域再編が否応なく進みつつあったこの時期に、小学校は、地域活性化という役割を担うことになった。そのために、地域の名望家や自治体が、初等教育に対し後押しをしたことは、一方では、教育への介入という側面もあったには違いないが、児童の主体的教育を重視する教育方法論が進化していく上で、追い風となった。

　穂波小では、画一的な自学主義教育ではなく、「教師と児童の事情に応じて学級化」された教育が展開されていた。「大いに各学級の特徴を発揮」した学級担任に教育の裁量を委ねた学級経営を展開していた。村山の「機会均等主義学級輔導法」は個性に応じてそれぞれの自我を発展させる教育をめざしたものであり、そのための方法として、自学・自治を重んじた教育実践を行っていたのである。

近代資本が投下され、発展途上にあった嘉穂郡にあって、麻生氏ら地元炭鉱主たちの後押しを受けて、先進的な教育方法を取り入れていた。具体的には、穂波小では、校内図書館、校内博物館などを充実させ、児童の自学を支える施設を充実させていた。また、同校では、児童の自立心を育成するため、校内役場、校内郵便局、校内株式会社など、社会の仕組みを再現した教育施設を設置し、児童自治団により運営させるようにしていた。

中野光は、『大正自由教育の研究』において、「大正自由教育の具体的な支持基盤は、第一次大戦前後に至ってようやく一定の社会的階層を形成するにいたった小市民的中間層であった」[4]、そして、「自由教育は主として各県の附属小学校ならびに私立小学校において学校規定で実践されたほかは、自由教育の思想的洗礼を受けた教師個人によって学級王国的に実践される場合が多かった。そこに運動のための組織ができなかったこと、さらには運動を支持する組織もなりたたなかったことは、それが労働者、農民を中心とする広汎な勤労階級の教育には浸透しなかったことを物語るものである」[5] としているが、明治末期の福岡県においては、地域を支持基盤とした自学主義教育が展開されていたのである。

以上のように、明石女子師範学校附属小学校や成城小学校の実践が注目される以前に、地方の公立小学校において、後の新教育につながる自学・自治的な教育が展開されていた。

教授法研究という枠組みにおいて、複式教授法や自習法研究に取り組んでいた師範学校附属小学校に比して、明治末期における地方の小学校は、地域と結びつき、地域の支援を得ながら、児童が主体的に自学自治活動を展開する新教育を実現していた。

大正新教育運動の息吹は、地方においてすでに始まっていたのである。

第3章では、明治末期、岡千賀衛や清水甚吾が自学主義教育を実践し、当時「自学主義教育の中心地」の一つといわれた福岡県の自学主義教育の実際が、どのようなものであったかを御笠北小の事例を中心に明らかにすることを課題

としてきた。

　同校は、第2章で取り上げた穂波小と異なり農村地帯の高等小学校であった。福岡県の公立小学校の自学主義教育の実態を多面的に明らかにするのに適した事例であると考え、「炭鉱の村」における小学校と「農村の村」における小学校を取り上げた。

　さて、御笠北小の自学主義は、自学への児童の意欲化、動機づけをはかるために、発表活動を重視し、毎月定期的に「学業会」を実施していた。この学業会に向けて児童は、一つの主題に基づいて自学をすすめ、発表会に臨んでいる。

　こうした学習を毎月行っていくためには、児童一人ひとりが、自ら学んでいくための指導や準備をしなければならない。同校では、児童の自学自習のため、自習法の指導に力点を入れると同時に、自習のための施設として、学校図書館、学校博物館、学校園を整備し、児童が自由に活用できるように環境整備を行っていた。

　こうした児童の自学に対応した施設を整備するためには、相当な経済的な裏づけが必要であったと思われる。同校の学業会や技能会では、保護者のみならず、有志、名誉職、吏員、学校関係者など、地域の有力者を含めた人々が参観していた。また、各地から篤志家が訪れていたことからも、当時、福岡県の公立小学校に対して、地方の富裕層が率先して資金の支援をしていたことが窺われる。

　御笠北小では、児童が自ら考え、思考させる場面を重んじた教育を展開していた。教師の教授法に対する児童の学習法、教師の教育研究会に対する、児童の児童研究会、教師の教授案に対する児童の学習案など、授業は児童と教師が共に準備をし、つくりあげるものであるという立場をとっていた。

　毎週火曜日の放課後に行われた児童研究会の研究問題は、児童が提出し、児童相互が検討することを基本とし、場合によっては、問題を教師が提出したり、児童間で解決できない問題については、教師が指導をするという立場をとっていた。また、毎日昼食休憩時に行われた昼会においては、児童が教科以外の日常生活にかかわる知識について自習した事項や複数教科において学んだ内容を

一主題のもとに構成総合した復習的事項について発表するようにしていた。

こうした昼会にむけての追究や発表は、毎月10日の第5時限に行われた学業会に向けての追究や発表に生かされており、児童の自学への意欲や習慣化のために設定されていたのである。

こうした、自学の教育方法的な枠組みは、これまでの明治期における教育実践の印象を大きく揺るがすものであり、大正新教育運動における、著名な実践以上にインパクトのあるものである。

御笠北小や穂波小が、19世紀末から20世紀初頭のわずか10年程しか存在せず、1910年頃、廃校となってしまったことが、近代日本教育実践史、教育方法史の中で注目されてこなかった原因であると思われるが、明治末期の自学主義教育への再評価をせざるを得ない質の高さを福岡県の二つの公立小学校の実践から窺い知ることができた。

他の地方の、同時期の教育実践の分析をしていないので、予測の域をでないのであるが、明治末期から大正期に至る、地方における教育実践は、その地域との接続を見なければ、その本当の意味を見出すことができないのではないだろうか。

少なくとも、福岡県の公立小の自学・自治教育を展開するための施設設備は、相当の経済的基盤がなければ、用意し得ないものであったと推察される。資本主義社会の進展する地域社会における小学校に対する期待が、当時の初等教育における教育方法の改良、改善の後押しをしたのではないだろうか。

明治末期の小学校教育が如何に、地域の課題と結びつき、地域の篤志家らから潤沢な財政的支援をうけていたことを示す資料がある。

1908（明治41）年、河野齢蔵と佐藤熊治郎は「九州地方教育視察報告（第1回）」において、福岡県若津尋常小学校の例を紹介している[6]。

「若津校現在の校長は宇都宮英雄君といはれ、明治二十六年に若津に赴任せられたるものであるが、二十七年中故あって他に転勤し、二十八年再び若津に

奉職せられ、以て今日に及んだものである。赴任の当時、歓迎会の席上に於て、父兄の側より、子供に体操を課することをよして貰ひたいという注文が盛んであつた。此珍無類な注文に対しては、宇都宮君も有繁に一驚を喫せざるを得なかつたさうである。そこで是は一つ土地の風習を研めた上、その取るべき方策を定むるに如かずと観じて爾来心をひそめて土地の研究に努めた所、果然父兄の注文の由来する所を悟り得たといふのである。といふのは、元来若津は、筑後の平野の咽喉部を占めたる一要津であって、従って大阪、長崎等との商業上の取引も頻繁な所から、自然是等都会の風習を輸入して、剛放よりは孱弱に、粗大よりは艶麗を悦ぶといふ有様で、男子も女子も一般に手足の太ることを嫌ひ、勤労を厭ふといふ有様であったそうである。そこでこの陋習を打破して勤労の良習を養ふことの急務たることを感じ、明治二十九年初めて岬花園を開いたのであるが、是が今日殆どかんぺきにと讃したい此校の学校園の起源をなしてをるのである。現在の学園は、樹木園百七坪八号五勺、果樹園四十七坪七号五勺、岬花園四十五坪、蔬菜園二十八坪、山林模型地、六十四坪五合、山産動植物飼養地四十四坪、計三百三十七坪一合の六類に別られてをる。校地の総坪数千二百六十七坪三合其中建坪百七十八坪七合五勺運動場五百六十坪五合といふことであれば、割合よりいって狭からざる学園であろう。特に驚くべきは、便所の蔭流しの下、寸地尺土たりとも、苟も一本一岬を植うるの余地あれば、尽く此を利用して剰さざる点である。余等は未だ校長に面会せざるに此学園を一見したるのみで、校長の人と為りの、如何に細心緻密なるかを想像し得たのである。以上の学園に栽培せる植物は、草本二百種木本二百種魚族種である。更に創設以来の経費を挙ぐれば左の通である。

収入総額

金　249.839 円、

内

金　38.094 円、児童醵金、

金　194.610 円、父兄有志寄付、
金　17.132 円　校費

支出総額
金　249.839 円　施設費総額
内
金　140.407 円　樹木艸花種苗代
金　59.580 円　労働賃金
金　19.177 円　其他

此学校は学級数四個児童数二七五の小なる一尋常小学校であるが、前掲の各学園を各学年の児童に配当して分担せしめ、毎週土曜日放課後凡一時間を以て学園の作業時間と定め、其他は天候作物の都合等によって随時此に当たらしむることにしてをる。各園には、区毎に「第区」「何園」「担任学年」「面積」等の木札を樹て、各植物にも総て其名称を記したる木札を附し之をば植物によって色別（何令ば毒草は木札）とし、尚ほ特殊のものには、便宜其人生との関係の概略を附記してある。更に其施設並に管理上の諸注意を挙ぐれば次の如くである。

施設上注意せしこと
　一、廃地を利用せしこと
　二、園内植物の配列に注意せしこと
　　イ、植物の共同生活を悟了せしむる便宜上に注意せること
　　ロ、植物帯を知らしむる上に注意せること
　　ハ、草花の配列は、前方を低く後方を高くせること
　　ニ、草花園花壇内の配列は、中央多年草周辺一年草若くは二年草とせること
　　ホ、風致及衛生上に注意せること

ヘ、植物の性質上（陰樹陽樹を区別し、或いは孤植密植に注意するが如
　　　　き）に意を用ひたること
　　三、植物蒐集上注意せし点
　　　イ、直観教授の資料となるものを先にせしこと
　　　ロ、生活上必須なるものを集めたること
　　　ハ、美感養成上の資料となるものを集めたること
　　四、管理上の注意
　　　　　全園を四個学年児童全体に配当し、更に一花壇を小団体に担任せし
　　　　め、一ヶ月毎に花壇の分担を変更し、一ヶ年にして全園の分担を一周
　　　　せしむ（知識上の要求より）

　大要右の通りであるが、尚毎月一回、各円の経営並に整理清潔等の良否を検査して、当該担当児童を集めて批評を下すさうである。校長の話によれば、夏季四十日間の休業にも児童は教師の命を俟たずして、雑草の芟除につとめ、園中一株の雑草を見たことも稀だといふことである。果たして然らば学園創設の目的は既に十二分の効果を奏してをるものであり、訓練上の成果も殆ど遺憾なきものというべきである」。

　このように、若津小では地域の課題を承け、地域の篤志家の支援をうけながら、学校園における飼育栽培活動を中心とした児童の主体性を育てる活動、学習を展開していた。
　御笠北小では、学校図書館、学校博物館、学校園を活用した自学活動、表現活動を展開していたが、若津尋常小学校では、学校園による教育に力点を置いた指導を展開し、自学・自治的な学習活動を展開していた。注目したいのは、学校園の運営経費の殆どが、父兄有志者による寄付および「児童醵金」によって賄われていた点である。また、労働賃金として、賃金が支払われていたことも注目される。
　このように、明治末期の福岡県では、学校図書館、学校博物館、学校園を活

用した、自学自治を重んじた特色的な自学主義教育を行っていたのである。

　第４章では、木下竹次の学習法の端緒となる鹿児島県師範学校附属小学校における自習法、特に自習法における復習法についてその実際を明らかにすることを課題としてきた。

　木下竹次の学習法の嚆矢が、鹿児島時代にあったのではないかとの仮説のもと、明治末期における鹿児島県師範学校の自習時間の実態について、そして自習時間で重視されていた復習法に関わる研究についての解明を試みた。

　その結果、鹿児島県師範において、木下は、「劣等児救済」のために自習時間の特設を行い、そこで劣等児に対する指導を展開していたことが明らかになった。

　「劣等児」の出現は、単式学級が増加し、同一教材を用いての一斉教授が普及し始めた頃から顕在化したものである。木下は、児童を一斉的に取り扱うのではなく、個別に自習を基本とし、「劣等児」に対して輔導する時間としての「自習時間の特設」を主張したのである。

　鹿児島附小における自学主義教育は、前述の福岡県公立小学校の自学・自治教育とは全く異質の教育であり、その教育の目的も異なっていたのである。

　後に、木下は、1917（大正6）年に鹿児島県女子師範学校長から京都府女子師範学校長に転任し、同時に当時の京都府知事木内重四郎より京都府地方視学の兼任を託された（1917年11月）。

　松井春満は、京都には谷本富の自学輔導の提唱以前から自学主義の風潮があった上に、1914（大正3）年以後、府の方針として、自学主義が採用されてその実践を重ねる学校があったとしているが[7]、実際、当時の京都府知事木内重四郎がすすめようとした自学主義は英才教育のための教育であり、能力の高い児童・生徒が独自に学習をすすめていくための自学であった。

　木下竹次は、京都府女子師範学校に転任し、府視学となると、早々に自家用自転車を購入して、自転車の練習を始め、この京都における視学の仕事をまさに東奔西走しながら精力的に行っていた[8]。ところが、木下は、当時の京都の

小学校教育実践に対して高い評価をしていない。鹿児島県からの教育視察団の一行が、京都府女子師範学校を訪れた際、京都では何処々々の学校を参観したらよいかと尋ねられたとき、

「京都の学校など見て歩いても、大して役に立たない。それより速やかに鹿児島に帰って、県内の学校をよく観察された方がずっと参考になる[9]」

と答えていたと言われている。

　木下は、1919年3月には、奈良女子高等師範学校教授に転任し、同附属小学校主事となるが、京都府女子師範学校校長に赴任して、わずか1年8ヶ月の転勤であった。

　木下の鹿児島での勤務が、1904年から1917年の13年間であり、奈良での勤務が、1917年から1940年までの23年間という長期間であったこと鑑みれば、その間の京都の時代は極めて短い。京都府の自学に対する考え方、思想が全く彼の思想と相容れない部分が大きかったのではないかと思われる。

　木下の自学主義は、一斉教授の中で取り残された「劣等児」を救済するために考え出された方法論だったのに対し、木内の自学主義は、英才教育としての自学主義教育であった。

　木下は、奈良女高師附小主事に着任早々の、1919（大正8）年4月25日、に「早晩自習時間を設定したき考えなり」と自習時間の特設の構想を打ち出している。そして1年間の準備期間を経て、1920（大正9）年から自習時間において自習法（後の学習法）研究に乗り出している[10]。

　このことは、京都で自分のめざす教育の実現が困難であることを痛切に感じた木下が、新天地を求めて奈良へ転任したと考えることは想像に難くない。だからこそ、奈良転任後、早々に、「自修時間の設定を」という提案をしているのであろう。

　一斉教授で子どもの自己活動を損なった結果、「劣等児」が出現するようになった反省から、「劣等児」に自己活動、自学を行わせることの重要性の自覚

をするようになった。「劣等児」こそ、主体的な活動を欲しており、自学、自己活動の機会を与えることが重要であるということ、そして、さらに、それは「優等児」にとっても自学を尊重すること有効であることに、明治末期、自学主義教育の実践の中で、木下竹次は気づいていたのである。

ここまで、福岡県公立小学校と鹿児島県師範学校における自学主義教育論とその実際について分析、検討を行ってきた。これまでの事例分析の結果からいい得ることは、児童の主体性を重んずる教育が、実際的内実を伴って、明治末期、福岡県、鹿児島県という一地方で成立しつつあったということである。

特にこの時期の福岡における公立小学校は、全国から注目を浴びる学校とはならなかったが、この地域は間違いなく、児童を発動的に活動させることにより、教育活動を展開しようとした学校が数多く存在していた。

また、児童の主体性を重んずる教育というのは、そこに思考する存在としての子どもがいることを重視した教育を示すのであり、子どもに考え、思考させるためにどのように授業や教育活動を構成したらよいのかということについて教師が考えるということである。

御笠北小では、子どもに考え、思考させるための手段として、授業や教育活動に子どもに参画させ、学ぶ素材を自習によって児童が選択したり、自習した内容を他の児童に表現をさせるようにしていた。

また、穂波小でも、授業において、地方的、個別的教材を導入したり、各教科部に分かれた児童自治団が教材の準備をしたり、児童自身に疑問を提出させる「百題箱」を設置するなどしている。

穂波小、御笠北小ともに、児童に自学・自治をさせることにより、自ら考え、思考する機会を増やしている。このことは児童に対する信頼がなければなかなかできないことであり、そういう意味において、児童一人ひとりの学習活動に目配りをした「教育の論理」に基づく教育が行われていたといえる。

本研究で明らかにされたことをまとめておきたい。
本研究において、解明をはかろうとする課題は、主に次の3点であった。

(1) なぜ、知識や技能の習得を目的とする教育よりも、主体的に学ぶ態度や学ぶ習慣の習得を目的とする教育を志向する小学校が、地方の公立小学校の中からあらわれるようになったのかその要因を明らかにすること。
(2) なぜ、明治末期という時期に、児童の主体性を重んじる教育が小学校現場で展開されるようになったのかその要因を明らかにすること。
(3) 明治末期における自学主義教育実践の実態を明らかにし、大正期に展開される新教育運動に接続するだけの内実を有していたのかを明らかにすること。

これらの3つの課題をうけ、検討をした結果、明治末期における自学主義教育実践の形成への3つの流れをとらえることができた。

一つめは、地方において当たり前のように存在していた複式学級において、児童の自働の必要性が顕在化し、その中で、自学指導の方策や理論、そして、児童に応じた教材選択の理論が構築されていったということである。

二つめは、明治末期、地方において展開された地方改良運動の中で、学校教育の中に、自治と自学という教育方法原理が採用されるようになったということである。

三つめは、一斉教授による「劣等児」の顕在化に対して、個別に自学させる必要を感じる教師が現れたということである。これは、明治末期以後、「自習時間の特設」や「分団教育」として教室空間に現れるようになった。

このように、外側からも内側からも自学自治を重んずる教育の必要性が語られるようになったのが、地方とよばれた地域であり、明治末期だったのである。この動きは、明らかに社会と学校が一体となっての教育運動であった。

これらの流れは、実際に、教育現場に近い教師、学校、地域の実態を分析しなければ、分からなかったのではないだろうか。これまでの近代日本教育史研究は、法令や制度により、実態が形成されてきたと論ずるものが多かった。しかし、個別にその実態を検討すると、法令や制度以外にも、実態を形成する要

因がそこに存在することに気づかされる。

　現場の教師にとって重要なのは、学校、学級の児童であり、そこを軸にして教育活動は展開されていた。この視線を忘れた研究は、どんどん実態から離れた研究へ乖離していくだろう。

　最後に、本研究の成果により、今後どのような近代日本教育方法史研究への見通しが得られたのか、残された課題は何かについて述べておきたい。

　本研究により、明治末期には、注目すべき教育実践が地方の公立小学校に数多く存在している可能性を示すことができた。今後、近代日本教育方法史研究においては、授業レベルでの実践を示す史料の発掘と分析を、大いにすすめなければならないだろう。

　本研究で明らかにしてきた教育実践の数々は、地方的文脈の中でこそ、存立しうる教育であり、地方的状況を俯瞰しながら、教育内容、教育方法について検討することが必要である。本研究では、その可能性を示すことはできたが、具体的に、誰がどれだけの資金を拠出し、その学校が、地方においてどれだけの存在意義を認められていたのかについては明らかにできなかった。この仕事は、教育方法史研究者としての仕事だけでは成しえないものであろう。

　学際的にこの対象を取り上げ、立体的にこの明治末期に華開いた自学主義教育という新教育実践を描写することを今後の課題としたい。

註

1　在海西郡ツタ生「実用教育」『愛知教育雑誌』第128号、1897（明治30）年。
2　市川博「教科書」日本教育方法学会編『現代教育方法事典』図書文化、2004年、204頁。
3　豊田ひさき「『『子どもから』のカリキュラム編成に関する歴史的考察」日本教育学会『教育学研究』第72巻第4号、2005年、84頁。
4　中野、前掲書、268-269頁。
5　中野、前掲書、269頁。
6　福岡県教育百年史編纂委員会『福岡県教育百年史第2巻資料編〔明治Ⅱ〕』福岡県教育

委員会、1978 年、948-949 頁。
7 松井春満「大正新教育と新カント派」池田進・本山幸彦編『大正の教育』第 1 法規、1978 年、271 頁。
8 木下亀城・小原国芳編『新教育の探求者木下竹次』玉川大学出版、1972 年、147 頁。
なお、木下と同時期、1917（大正 6）年に、京都府女子師範学校教諭兼京都府地方視学として赴任し、後に 1919（大正 8）年、千葉師範学校附属小学校主事として転出して大正新教育運動に大きな足跡を残した人物がいた。手塚岸衛である。手塚と木下が同時期に同じ、京都女子師範学校、京都府地方視学として勤務していた事実は、後の大正新教育を語る上で重要であるが、ここでは扱わない。
9 木下亀城・小原国芳編『新教育の探求者木下竹次』玉川大学出版、1972 年、148 頁。
10 奈良女子大学文学部附属小学校編『わが校五十年の教育』奈良女子大学文学部附属小学校、1962 年、34-35 頁。

参考文献一覧

参考文献一覧

参考文献は、執筆者もしくは、監修者、編集者の五十音の順に配した。

赤井米吉「教授法問題史」『教育』岩波書店、1935（昭和10）年2月。
赤井米吉『愛と理性の教育』平凡社、1964（昭和39）年。
麻生千明「単級学校教授法の形成過程における第1次小学校令期の位置づけ」『弘前学院大学研究紀要』第16号、1980（昭和55）年、135-147頁。
麻生千明「第2次小学校令期における単級教授論の紹介導入と展開」『弘前学院大学紀要』第17号、1981（昭和56）年、95-113頁。
麻生千明「明治期教授法用語としての『単級』をめぐる諸問題―『単級・多級』教授法から『複式・単式』教授法へ」『弘前学院大学研究紀要』第18号、1982（昭和57）年、41-51頁。
有永真人『復習に関する研究』宝文館、1909（明治42）年、23頁。
生野金三「加納友市の複式教授論の研究（Ⅰ）」『西南学院大学児童教育学論集』第18巻第1号、1991（平成3）年、1-29頁。
生野金三「加納友市の複式教授論の研究（Ⅱ）」『西南学院大学児童教育学論集』第19巻第2号、1993（平成5年）年、45-66頁。
石橋長三郎「尋常小学第四学年児童質疑録」福岡県教育会編『福岡県教育界会報』第78号、1905（明治38）年11月。
市川博「教科書」日本教育方法学会編『現代教育方法事典』図書文化、2004（平成16）年、204頁。
市田忍之助「自治心養成の歌」福岡県教育会編『福岡県教育界会報』第50号、1903（明治36）年8月、29頁。
一柳生「小学校教員に対する苦言」福岡県教育会編『福岡県教育界会報』第50号、1903（明治36）年8月、26-28頁。
一柳生「小学校教員に対する苦言」福岡県教育会編『福岡県教育界会報』第51号、1903（明治36）年9月、32-34頁。
稲葉宏雄『近代日本の教育学―谷本富と小西重直の教育思想―』世界思想社、2004（平成16）年。
井上友一「自治訓練の方法」『井上内務省参事官講演』博文館、1909（明治42）年、26頁。
今井彌市編『優良小学校』東京啓発舎、1911（明治44）年。
入澤宗寿編『教育辞典』教育研究会、1932（昭和7）年、550頁。
梅根悟『新教育への道』誠文堂新光社、1947（昭和22）年。
梅根悟「日本の新教育運動」東京教育大学教育学研究室編『日本教育史』教育大学講座3、

金子書房、1951（昭和26）年。

梅根悟、石川松太郎「木下竹次」『近代日本教育の記録　下』日本放送出版協会、1983（昭和58）年。

海老原治善『現代日本教育実践史』明治図書、1975（昭和50）年。

遠藤潮星「誤られたる競争」福岡県教育会編『福岡県教育界会報』第155号、1911（明治44）年1月、33-37頁。

及川平治「為さしむる主義による分団式教授法」『全国附属小学校の新研究』金港堂、1910（明治43）年、962-980頁。

大井令雄『日本の「新教育」思想―野口援太郎を中心に―』勁草書房、1984（昭和59）年。

岡千賀衛「意志修養特に自信力養成に対する卑見」『福岡県教育会会報』第47号、1903（明治36）年、1-4頁。

岡千賀衛「意志修養特に自信力養成に対する卑見」『福岡県教育会会報』第48号、1903（明治36）年、1-4頁。

岡千賀衛「意志修養特に自信力養成に対する卑見」『福岡県教育会会報』第49号、1903（明治36）年、3-7頁。

岡千賀衛「美感の本質及価値」『教育学術界』第7巻7号、1903（明治36）年、33-41頁。

岡千賀衛「活動的教育主義」『福岡県教育会会報』第79号、1905（明治38）年、9-18頁。

岡千賀衛「修身科教授上の欠陥」『教育学術界』第10巻5号、1905（明治38）年、71-75頁。

岡千賀衛「単独的公共教育」『教育学術界』第11巻1号、1905（明治38）年、59-62頁。

岡千賀衛「公共的教育（承前）」『教育学術界』第11巻2号、1905（明治38）年、52-54頁。

岡千賀衛「公共的教育（承前）」『教育学術界』第11巻1号、1905（明治38）年、59-62頁。

岡千賀衛「地理教授上児童描図に関する研究」『教育学術界』第13巻1号、1906（明治39）年、58-60頁。

岡千賀衛「綴り方教授法研究」『教育実験界』第21巻8号、1908（明治41）年、20-24頁。

岡千賀衛「綴り方教授法研究」『教育実験界』第21巻9号、1908（明治41）年、17-21頁。

岡千賀衛「綴り方教授法研究」『教育実験界』第21巻10号、1908（明治41）年、25-29頁。

岡千賀衛「綴り方教授法研究」『教育実験界』第21巻11号、1908（明治41）年、15-21頁。

岡千賀衛「綴り方教授法研究」『教育実験界』第22巻1号、1908（明治41）年、8-10頁。

岡千賀衛「綴り方教授法研究」『教育実験界』第22巻3号、1908（明治41）年、6-10頁。

岡千賀衛「綴り方教授法研究」『教育実験界』第22巻5号、1908（明治41）年、20-23頁。

岡千賀衛「綴り方教授法研究」『教育実験界』第22巻6号、1908（明治41）年、20-24頁。

岡千賀衛「綴り方教授法研究」『教育実験界』第22巻7号、1908（明治41）年、18-28頁。

岡千賀衛「綴り方教授法研究」『教育実験界』第22巻8号、1908（明治41）年、13-16頁。

岡千賀衛「綴り方教授法研究」『教育実験界』第22巻9号、1908（明治41）年、17-20頁。

岡千賀衛「綴り方教授法研究」『教育実験界』第22巻10号、1908（明治41）年、17-18頁。

岡千賀衛「綴り方教授法研究」『教育実験界』第22巻11号、1908（明治41）年、20-24頁。

岡千賀衛「綴り方教授法研究」『教育実験界』第22巻12号、1908（明治41）年、13-16頁。

岡千賀衛「綴り方教授法研究」『教育実験界』第 22 巻 13 号、1908（明治 41）年、14-17 頁。
岡千賀衛「自学輔導法」『小学校』第 5 巻 11 号、1908（明治 41）年、38-42 頁。
岡千賀衛「自学輔導法」『小学校』第 5 巻 12 号、1908（明治 41）年、31-33 頁。
岡千賀衛「自学輔導法」『小学校』第 6 巻 1 号、1908（明治 41）年、44-47 頁。
岡千賀衛「ヘルバルト学説の余弊」『教育公論』第 2 号、1908（明治 41）年、22 頁。
岡千賀衛『自学輔導新教授法』弘道館、1909（明治 42）年。
岡千賀衛「自学輔導法大綱」『福岡県教育会報』第 126 号、1909（明治 42）年、1-10 頁。
岡千賀衛「自学輔導法大綱」『福岡県教育会報』第 129 号、1909（明治 42）年、1-7 頁。
岡千賀衛「學習的習慣と其養成上の注意」『教育研究』第 58 号、1909（明治 42）年 1 月、51-57 頁。
岡千賀衛「學習的習慣と其養成上の注意」『教育研究』第 59 号、1909（明治 42）年 2 月、9-21 頁。
岡千賀衛「教材の区分につきて」『教育研究』第 61 号、1909（明治 42）年 4 月、1-8 頁。
岡千賀衛「教材の区分につきて」『教育研究』第 62 号、1909（明治 42）年 5 月、4-10 頁。
岡千賀衛「複式教授に於ける空時の処置」『教育研究』第 63 号、1909（明治 42）年 6 月、13-20 頁。
岡千賀衛「複式教授における復演の方法」『教育研究』第 66 号、1909（明治 42）年 9 月、38-43 頁。
岡千賀衛「計算練習に於ける組織的段階的用意」『教育研究』第 68 号、1909（明治 42）年 11 月、8-15 頁。
岡千賀衛「計算練習に於ける組織的段階的用意」『教育研究』第 69 号、1909（明治 42）年 12 月、21-27 頁。
岡千賀衛「第三部第三学級尋常（第四五六學年）讀方教授教授者岡千賀衛」『教育研究』第 69 号、1909 年（明治 42）年 12 月、45-51 頁。
岡千賀衛「筆算除法教授につきて」『教育研究』第 71 号、1910（明治 43）年 2 月、39-45 頁。
岡千賀衛「自學自習に関する研究の要点」『教育研究』第 74 号、1910（明治 43）年 5 月、26-31 頁。
岡千賀衛「修正算術書の研究」『教育研究』第 77 号、1910（明治 43）年 8 月、11-19 頁。
岡千賀衛「修正算術書の研究」『教育研究』第 78 号、1910（明治 43）年 9 月、31-36 頁。
岡千賀衛「修正算術書の研究」『教育研究』第 79 号、1910（明治 43）年 10 月、18-27 頁。
岡千賀衛「修正算術書の研究」『教育研究』第 80 号、1910（明治 43）年 11 月、32-36 頁。
岡千賀衛「修正算術書の研究」『教育研究』第 81 号、1910（明治 43）年 12 月、18-21 頁。
岡千賀衛『忘れられたる算術教授』『教育研究』第 87 号、1911（明治 44）年 6 月、49-56 頁。
岡千賀衛「練習に関する研究」『教育研究』第 91 号、1911（明治 44）年 10 月、10-15 頁。
岡千賀衛「算術科実地授業」『教育研究』第 91 号、1911（明治 44）年 10 月、43-48 頁。
岡千賀衛「練習に関する研究」『教育研究』第 92 号、1911（明治 44）年 11 月、26-34 頁。
岡千賀衛「練習に関する研究」『教育研究』第 93 号、1911（明治 44）年 12 月、12-19 頁。

岡千賀衛「練習に関する研究」『教育研究』第95号、1912（明治45）年2月、10-15頁。
岡千賀衛「暗算筆算珠算の統一」『教育研究』第100号、1912（明治45）年7月、112-12頁。
岡千賀衛「計算器」『教育研究』第105号、1912（大正元）年12月、18-24頁。
岡千賀衛「兵庫縣の全日二部教授」『教育研究』第109号、1913（大正2）年4月、98-100頁。
岡千賀衛「兵庫縣の全日二部教授」『教育研究』第110号、1913（大正2）年5月、93-100頁。
岡千賀衛「兵庫縣の全日二部教授」『教育研究』第111号、1913（大正2）年6月、83-91頁。
岡千賀衛「価値ある計算練習問題」『教育研究』第115号、1913（大正2）年10月、15-24頁。
岡千賀衛「価値ある計算練習問題」『教育研究』第116号、1913（大正2）年11月、25-37頁。
岡千賀衛「価値ある計算練習問題」『教育研究』第117号、1913（大正2）年12月、18-30頁。
岡千賀衛、小林佐源治『複式教授法』目黒書店、1914（大正3）年。
岡千賀衛『珠算教授法精義』大同館、1914（大正3）年。
岡千賀衛「復習に関する研究」『教育研究』第124号、1914年（大正3）年6月、28-37頁。
岡千賀衛「復習に関する研究」『教育研究』第125号、1914年（大正3）年7月、16-24頁。
岡千賀衛「復習に関する研究」『教育研究』第127号、1914年（大正3）年9月、32-41頁。
岡千賀衛「復習に関する研究」『教育研究』第131号、1914年（大正3）年12月、11-21頁。
岡千賀衛「人格教育に関する所感」『教育研究』第132号、1915年（大正4）年1月、68-73頁。
織田勝馬「教授上で感じたこと二つ」福岡県教育会編『福岡県教育界会報』第41号、1902（明治35）年11月、11-13頁。
織田勝馬「地方小学校につきての雑感」福岡県教育会編『福岡県教育界会報』第58号、1904（明治37）年3月、30-32頁。
岡本智周『国民史の変貌―日米教科書とグローバル時代のナショナリズム』日本評論社、2001（平成13）年。
鶴嶺会『發華―創立五十周年記念号』鹿児島師範学校、第31号、1926（大正15）年。
鹿児島県師範学校附属小学校「自習時間の特設」金港堂編集部編『全国附属小学校の新研究』金港堂、1910年、173-174頁。
笠間賢二『地方改良運動期における小学校と地域社会』日本図書センター、2003（平成15）年。
門脇正俊「『複式教育』用語の歴史的系譜についての一考察（付）『合級・単級・複式教育関係文献目録』」北海道教育大学紀要、第1部C、第41号、第1号、1990（平成2）年。
神屋醍月「児童研究の一端」福岡県教育会編『福岡県教育界会報』第63号、1904（明治37）年8月、21-23頁。
加納友市『複式教授の理論と実際』宝文館、1911（明治42）年。
嘉穂郡飯塚尋常小学校「我校の教育方案（下）」福岡県教育会編『福岡県教育界会報』第147号、1910（明治43）年7月、18-22頁。
嘉穂郡支会研究部「練習帳につきての研究」福岡県教育会編『福岡県教育界会報』第153号、1910（明治43）年12月、5-7頁。
嘉穂郡役所編『嘉穂郡誌（復刻）』名著出版、1972（昭和47）年。
川合章『近代日本教育方法史』青木書店、1985（昭和60）年。

川合章「大正新教育の展開」井野川潔編『日本教育運動史　第1巻　明治・大正期の教育運動』三一書房、1960（昭和35）年。

企救郡学事会「小学校教育の結果を一層有効ならしむる実地適切の方案」福岡県教育会編『福岡県教育界会報』第52号、1903（明治36）年9月、36-41頁。

企救郡学事会「小学校教育の結果を一層有効ならしむる実地適切の方案」福岡県教育会編『福岡県教育界会報』第53号、1903（明治36）年10月、19-25頁。

木下亀城・小原国芳編『新教育の探求者木下竹次』玉川大学出版、1972（昭和47）年。

木下竹次『学習諸問題の解決』明治図書、1927（昭和2）年、203頁。

木下竹次『学習原論』目黒書店、1923（大正12）年。

京都市役所『京都小学五十年誌』京都市、1918（大正7）年。

慶應義塾『独立自営大国民』金港堂、1902（明治35年）。

小桶泰蔵「劣等生の原因に就いて」福岡県教育会編『福岡県教育界会報』第78号、1905（明治38）年11月、20-21頁。

小林佐源治「岡千賀衛君を憶ふ」『教育研究』175号、1918（大正7）年2月。

近藤典二『教師の誕生―草創期の福岡県教育史―』海鳥社、1995（平成7）年、14-15頁。

近藤典二『教師の誕生―草創期の福岡県教育史』海鳥社、1995（平成7）年、10-11頁。

今野三郎「明治後期教授論の動向（1）」日本大学教育学会紀要『教育学雑誌』第33号、1999（平成11）年、1-19頁。

今野三郎「明治後期教授論の動向（1）」『教育学雑誌』日本大学教育学会紀要、第33号、1999（平成11）年。

今野三郎「活動主義論争」日本大学教育学会『教育学雑誌』第25号、1991（平成11）年。

齊田壯太郎「習はせ主義の読方教授」福岡県教育会編『福岡県教育界会報』第120号、1909（明治42）年2月、13-17頁。

在海西郡ツタ生「実用教育」『愛知教育雑誌』第128号、1897（明治30）年。

齋藤諸平『学習輔導の実際と原理』廣文堂、1926（大正15）年。

佐藤秀夫『教育の文化史2　学校の文化』阿吽社、2005（平成17）年。

清水甚吾「複式適用六学年単級経営の実際（上）43年11月25日単級研究会に於て講話」福岡県教育会編『福岡県教育界会報』第155号、1911（明治44）年1月、1-6頁。

清水甚吾「尋常科単級教授案」福岡県教育会編『福岡県教育界会報』第155号、1911（明治44）年1月、7-8頁。

清水甚吾「複式適用六学年単級経営の実際（中）」福岡県教育会編『福岡県教育界会報』第156号、1911（明治44）年2月、12-16頁。

清水甚吾「複式適用六学年単級経営の実際（下）」福岡県教育会編『福岡県教育界会報』第157号、1911（明治44）年3月、10-14頁。

清水甚吾「尋常科単級教授案」福岡県教育会編『福岡県教育界会報』第157号、1911（明治44）年3月、15-16頁。

清水甚吾「単級児童学習心得（上）」福岡県教育会編『福岡県教育界会報』第161号、1911（明

治44）年6月、17-18頁。
清水甚吾「単級児童学習心得（中）」福岡県教育会編『福岡県教育界会報』第162号、1911（明治44）年7月、17-19頁。
清水甚吾「単級児童学習心得（下）」福岡県教育会編『福岡県教育界会報』第164号、1911（明治44）年9月、32-35頁。
清水甚吾「附属訓導二十年」『大正初等教育史上に残る人々と其の苦心』東洋図書、1926（大正15）年、170-171頁。
志村廣明『日本の近代学校における学級定員・編制問題―過大学級、二部教授問題を中心として―』大空社、1998（平成10）年。
白土千秋「人種の競争と国民教育」福岡県教育会編『福岡県教育界会報』第65号、1904（明治37）年9月、28-37頁。
園田定太郎「実業教育について」福岡県教育会編『福岡県教育界会報』第51号、1903（明治36）年9月、2-7頁。
高木修吉「小学校に於ける商業科教授新案」福岡県教育会編『福岡県教育界会報』第79号、1905（明治38）年11月、20-21頁。
立石仙六、樋口長市『自習法並びにこれと関連せる教授法』寳文館、1909（明治42）年。
田中茂「教育の社会主義について」福岡県教育会編『福岡県教育界会報』第50号、1903（明治36）年8月、11-13頁。
棚橋源太郎「労働の教育」福岡県教育会編『福岡県教育界会報』第82号、1905（明治38）年12月、2-4頁。
谷本富『新教育講義』六盟館、1906（明治39）年、
谷本富『新教育の主張と生命』六盟館、1909（明治42）年。
谷本富「自学の倡道者として」自学奨励会編纂『自学主義の教育』隆文館、1919（大正8）年、5-6頁。
谷本富「自学の唱道者として」自学奨励会編『自学主義の教育』隆文館、1919（大正8）年。
筑紫野市史編さん委員会編「筑紫野市史（下巻）」筑紫野市、1999（平成10）年、844-845頁。
千葉昌弘、梅村佳代編「地域の教育の歴史」川島書店、2003（平成14）年。
徳田鍛鉄「県教育を如何に見るか」福岡県教育会編『福岡県教育界会報』第155号、1911（明治44）年1月、28-31頁。
友納友次郎「教育の効果を全からしむべき教授以外に於ける教育的設備に就いて」福岡県教育会編『福岡県教育界会報』第93号、1906（明治39）年11月、44-61頁。
豊田久亀『明治期発問論の研究』ミネルヴァ書房、1988（昭和63）年。
豊田ひさき「『子どもから』のカリキュラム編成に関する歴史的考察」日本教育学会『教育学研究』第72巻第4号、2005（平成17）年、84頁。
中島半次郎「教育史上に於ける自学主義」自学奨励会編纂『自学主義の教育』隆文館、1919（平成8）年、97頁。
中野光『大正自由教育の研究』黎明書房、1968（昭和43）年。

中野光「及川平治の教育理論と実践」及川平治『分団式動的教育法』弘学館、1912（大正元）年、復刻版、梅根悟・勝田守一監修『世界教育学選集69』明治図書、1972（昭和47）年、319頁。

中野光「及川平治の教育理論と実践」及川平治『分団式動的教授法』梅根悟・勝田守一監修『世界教育学選集69』明治図書、1972（昭和47）年、319頁。

中野光『大正デモクラシーと教育　1920年代の教育』新評論、1977（昭和52）年。

中野光『教育空間としての学校』中野光教育研究著作選集①、EXP、2000（平成12）年。

中内敏夫『新しい教育史　制度史から社会史への試み』新評論、1987（昭和62）年。

中内敏夫『学校改造論争の深層』中内敏夫著作集Ⅵ、藤原書店、1999（平成11）年。

中内敏夫『匿名の教育史』中内敏夫著作集Ⅱ、藤原書店、1998（平成10）年。

中森善治「木下教育学」木下亀城・小原國芳編『新教育の探求者木下竹次』玉川大学出版部、1972（昭和47）年、58-59頁。

中森善治「木下竹次の『学習法』とその成立過程」木下竹次『学習各論（下）』目黒書店、1929（昭和4）年、復刻版、小原國芳監修『世界の名著9』玉川大学出版部、1972年、439-461頁。

永田保太郎「複式学級の教授に関する諸問題」福岡県教育会編『福岡県教育界会報』第169号、1912（明治45）年1月、18-10頁。

永田與三郎編『大正初等教育史上に残る人々』東洋図書、1926（大正15）年。

奈良女子大学文学部附属小学校編『わが校五十年の教育』奈良女子大学文学部附属小学校、1962（昭和37）年、34-35頁。

西角田尋常小学校「吾校の児童会議」福岡県教育会編『福岡県教育界会報』第70号、1905（明治38）年3月、28-30頁。

日本教育学術協会編『現代教育辞典』不朽社書店、1934年（昭和9）年。

日本教育方法学会編『現代教育方法辞典』図書文化、2004（平成16）年。

野原由利子、中内敏夫「自学主義教育」太田堯・中内敏夫・民間教育史料研究会編『民間教育史研究事典』評論社、1975（昭和50）年。

橋爪忠平「実質主義の意義に就て」福岡県教育会編『福岡県教育界会報』第58号、1904（明治37）年3月、3-8頁。

橋本美保「及川平治『分団式動的教育法』の系譜」『教育学研究』第72巻第2号、日本教育学会、2005（平成17）年6月、220-231頁。

花井信、三上和夫編『学校と学区の地域教育史』川島書店、2005（平成17）年、203頁。

林正登『炭坑の子ども・学校史』葦書房、1983（昭和58）年。

原進一郎「単級小学校に於ける自治自働につきて」福岡県教育会編『福岡県教育界会報』第168号、1911（明治44）年12月。

原田義蔵『事実に基づく学校教育』弘道館、1911年。

原田義蔵「『実際に基きたる学校教育』著述の動機」福岡県教育会編『福岡県教育界会報』第158号、1911（明治44）年4月、25-27頁。

原田義蔵「卑書『事実に基きたる学校教育』につきて白土千秋君に與ふ」福岡県教育会編『福岡県教育界会報』第173号、1912（明治45）年4月、32-34頁。

原田嘉朗、福岡県嘉穂郡穂波町編『穂波町史』穂波町教育委員会、1969（昭和44）年、550-551頁。

半田彌五郎「自習法」福岡県教育会編『福岡県教育界会報』第169号、1912（明治45）年1月。

樋口勘次郎「教育界の刷新」福岡県教育会編『福岡県教育界会報』第65号、1904（明治37）年9月、20-24頁。

樋口長市『自学主義の教育法』金港堂、1922（大正11）年。

樋口長市『意的生命論に立脚せる余の自学主義の教育　附　米国の自学主義の教育』目黒書店、1925年。

久木幸男「活動主義論争」『日本教育論争史録　第二巻　近代編（下）』第一法規出版、1980（昭和55）年、126-151頁。

久木幸男、鈴木英一、今野喜清『日本教育論争史録　第二巻　近代編（下）』第一法規出版、1980（昭和55）年。

久田敏彦「近代教授方法史における学級教授の系譜（第1報）」『大阪教育大学紀要』第Ⅳ部門第32巻、第2・3号、1984（昭和59）年、153-167頁。

久田敏彦「近代教授方法史における学級教授の系譜（第2報）」『大阪教育大学紀要』第Ⅳ部門第36巻、第2号、1987（昭和62）年、109-120頁。

久芳龍蔵「自治的教育研究の一端」福岡県教育会編『福岡県教育界会報』第56号、1904（明治37）年1月、13-15頁。

久芳龍蔵「復習法の研究」福岡県教育会編『福岡県教育界会報』第70号、1905（明治38）年3月、13-28頁。

土方苑子『東京の近代小学校「国民」教育制度の成立過程』東京大学出版会、2002（平成14）年。

平松秋夫「明治中期後期における教授法研究の発達」伊瀬仙太郎編『わが国の義務教育における教育方法の歴史的研究』風間書店、1972（昭和47）年、76-84頁。

平松秋夫「単級学校に関する一考察」『東京学芸大学紀要』第1部門第26集、1975（昭和50）年、133-144頁。

廣瀬光治「児童をして復習せしむる方法の卑見」福岡県教育会編『福岡県教育界会報』第173号、1912（明治45）年4月、30-31頁。

廣田為忠「個性観察」福岡県教育会編『福岡県教育界会報』第88号、1906（明治39）年6月、5-16頁。

深町純亮『穂波町ものがたり《炭坑編》』穂波町教育委員会、1998（平成10）年。

深谷圭助「岡千賀衛の自学主義教育論―1900年代、福岡時代の実践を中心に―」『名古屋大学大学院教育発達科学研究科紀要（教育科学）』2004年度、第51巻、第1号、2004（平成16）年9月。

深谷圭助「明治末期福岡県公立小学校における自学主義教育の実際」全国地方教育史学会紀

要『地方教育史研究』第 26 号、2005（平成 17）年 5 月。
福岡師範学校附属小学校「多級尋常小学校に於ける複式学級編制法及当校の研究」福岡県教育会編『福岡県教育界会報』第 164 号、1911（明治 44）年 9 月、36-39 頁。
福岡師範学校附属小学校「多級尋常小学校に於ける複式学級編制法及当校の研究」福岡県教育会編『福岡県教育界会報』第 165 号、1911（明治 44）年 10 月、1-4 頁。
福岡師範学校附属小学校「多級尋常小学校に於ける複式学級編制法及当校の研究」福岡県教育会編『福岡県教育界会報』第 166 号、1911（明治 44）年 11 月、1-5 頁。
福岡師範学校附属小学校「福岡師範学校附属小学校教育研究会」福岡県教育会編『福岡県教育界会報』第 173 号、1912（明治 45）年 4 月、32-34 頁。
福岡県福岡師範学校編『創立六十年誌』福岡県福岡師範学校創立六十周年記念会、1936（昭和 11）年。
福岡県教育委員会編『福岡県教育史』福岡県教育委員会、1957（昭和 32）年。
福岡県教育会編『福岡県教育会五十年誌』福岡県教育会、1939（昭和 14）年。
福岡県教育百年史編纂委員会、福岡県教育委員会編『福岡県教育百年史第 5 巻通史編 1』福岡県教育委員会、1980（昭和 55）年。
福岡県教育百年史編纂委員会『福岡県教育百年史第 2 巻資料編〔明治Ⅱ〕』福岡県教育委員会、1978（昭和 53）年。
二股卓爾「人口を論じて教育におよぶ」福岡県教育会編『福岡県教育界会報』第 52 号、1903（明治 36）年 10 月。
船橋米吉「福岡高等小学校植物園」福岡県教育会編『福岡県教育界会報』第 81 号、1905（明治 38）年 11 月、28 頁。
穂波高等小学校「自治自学に基ける新教育方案」『福岡県教育会報』第 120 号、1908（明治 41）年、18-25 頁。
前田正好「自治心養成に関する意見」福岡県教育会編『福岡県教育界会報』第 51 号、1903（明治 36）年 9 月、14-17 頁。
松井春満「大正新教育と新カント派」池田進・本山幸彦編『大正の教育』第 1 法規、1978（昭和 53）年、271 頁。
松村森吉「学校開放論」福岡県教育会編『福岡県教育界会報』第 53 号、1903（明治 36）年 10 月、10-13 頁。
宮内輝吉「教育と社会の関係」福岡県教育会編『福岡県教育界会報』第 53 号、1903（明治 36）年 10 月、11-13 頁。
宮坂哲文「日本における学級経営の歴史」『宮坂哲文著作集Ⅲ』明治図書、1968（昭和 43）年。
民間教育史料研究会、大田堯、中内敏夫編『民間教育史研究事典』評論社、1975（昭和 50）年。
武藤一郎「尋常科に於ける郷土科」福岡県教育会編『福岡県教育界会報』第 85 号、1906（明治 39）年 3 月、8-15 頁。
武藤一郎「尋常科に於ける郷土科」福岡県教育会編『福岡県教育界会報』第 87 号、1906（明治 39）年 5 月、14-20 頁。

村山増吉「機会均等主義学級輔導法」『福岡県教育会会報』第140号、1910（明治43）年、14頁。

村山増吉「機会均等主義学級輔導法」『福岡県教育会会報』第142号、1910（明治43）年、6-10頁。

村山増吉「機会均等主義学級輔導法」『福岡県教育会会報』第144号、1910（明治43）年、21頁。

村山増吉「機会均等主義学級輔導法」『福岡県教育会会報』第145号、1910（明治43）年、25頁。

村山増吉「機会均等学級輔導法」福岡県教育会編『福岡県教育界会報』第147号、1910（明治43）年7月、23-26頁。

村山増吉「機会均等学級輔導法」福岡県教育会編『福岡県教育界会報』第148号、1910（明治43）年8月、29-32頁。

村山増吉「機会均等学級輔導法」福岡県教育会編『福岡県教育界会報』第149号、1910（明治43）年9月、15-18頁。

村山増吉「機会均等学級輔導法」福岡県教育会編『福岡県教育界会報』第150号、1910（明治44）年9月、17-26頁。

門司市錦町男子尋常小学校「我が校に於ける実地問題」福岡県教育会編『福岡県教育界会報』第94号、1906（明治39）年12月、9-30頁。

本山幸彦『明治国家の教育思想』思文閣出版、1998（平成10）年。

安川寿之輔『増補日本近代教育の思想構造』新評論、1989（平成元）年。

矢野国太郎「朝倉郡郷土科教授細目」福岡県教育会編『福岡県教育界会報』第84号、1906（明治39）年2月、37-40頁。

山川敬行「複式学級の経営に就きて」福岡県教育会編『福岡県教育界会報』第172号、1912（明治45）年3月、11-12頁。

山口富之助「福岡県下小学校視察所感」福岡県教育会編『福岡県教育界会報』第173号、1912（明治45）年4月、32-34頁。

山口正治「我が校に於ける予習法の実際」福岡県教育会編『福岡県教育界会報』第165号、1911（明治44）年9月、33-38頁。

山門矢留三郎生「我が実施せる復習帳」福岡県教育会編『福岡県教育界会報』第149号、1910（明治43）年9月。

山本信良、今野敏彦『近代教育の天皇制イデオロギー』新泉社、1973（昭和48）年。

湯浅俊太郎「教育者の務むべき第一要義」福岡県教育会編『福岡県教育界会報』第41号、1902（明治35）年11月、1-3頁。

湯浅俊太郎「教育者は時務的知識を要す」福岡県教育会編『福岡県教育界会報』第45号、1903（明治36）年3月。

湯浅俊太郎「小学校学級数及正教員数」福岡県教育会編『福岡県教育界会報』第49号、1903（明治36）年7月。

湯浅俊太郎「若津尋常小学校児童商店規定」福岡県教育会編『福岡県教育界会報』第57号、1904（明治37）年2月、39-40頁。

湯浅俊太郎「二部教授に関する通牒」福岡県教育会編『福岡県教育界会報』第57号、1904（明治37）年2月、41頁。

湯浅俊太郎「門司市小学校参観記」福岡県教育会編『福岡県教育界会報』第71号、1905（明治38）年4月、30-33頁。

湯浅俊太郎「門司市小学校参観記」福岡県教育会編『福岡県教育界会報』第72号、1905（明治38）年5月、25-32頁。

湯浅俊太郎「門司市小学校参観記」福岡県教育会編『福岡県教育界会報』第75号、1905（明治38）年8月、17-25頁。

湯浅俊太郎「地方自治指針の一節」福岡県教育会編『福岡県教育界会報』第85号、1906（明治39）年3月、49-54頁。

湯浅俊太郎「嘉穂郡穂波高等小学校を観る」『福岡県教育会会報』第125号、1909（明治42）年、29-30頁。

湯浅俊太郎「県下各小学校の実際（八）其六嘉穂郡穂波高等小学校（一）」『福岡県教育会会報』第129号、1909（明治42）年、5月、39頁。

湯浅俊太郎「県下小学校学級数と正教員数」福岡県教育会編『福岡県教育界会報』第157号、1911（明治44）年3月、12-16頁。

湯浅俊太郎「長野県人から観たる本県教育」福岡県教育会編『福岡県教育界会報』第165号、1914（明治44）年9月、77-95頁。

吉田熊次「自学自習論」自学奨励会編纂『自学主義の教育』隆文館、1919（大正8）年、21-23頁。

和田主税「我が級の自習方案」福岡県教育会編『福岡県教育界会報』第164号、1911（明治44）年8月、40-41頁。

あとがき

　本書は、筆者が名古屋大学大学院教育発達科学研究科に提出し、2007年2月28日に博士（教育学）を授与された学位請求論文「近代日本における自学主義教育の研究」に加筆・修正を加えたものである。本書を刊行するにあたって、平成23年度中部大学出版助成を受けている。

　本書の第2章、第3章、第5章はすでに公表した論文を修正したものである。原論文は次の通りである。

第2章「岡千賀衛の自学主義教育論－1900年代、福岡時代の実践を中心に－」
　　（名古屋大学大学院教育発達科学研究科『名古屋大学大学院教育発達科学研究科紀要（教育科学）』2004年度、第51巻第1号、2004年9月）。
第3章「明治末期福岡県公立小学校における自学主義教育の実際」（全国地方教育史学会『地方教育史研究』第26号、2005〔平成17〕年5月22日）。
第4章「明治末期における鹿児島県師範学校附属小学校の自習法研究」（日本教育方法学会『教育方法学研究』第31巻、2005年）。

　私は、1989年4月に新任教員として赴任した刈谷市立亀城小学校で開発した「辞書引き学習法」を、有田和正先生のご指導により、小著『小学校1年生に国語辞典を使えるようにする30の方法』（明治図書、1998年）として世に問う機会を得ることができた。その後、学習指導要領における辞典指導・学び方指導が、どのような根拠と経緯を以て位置づけられるようになったのかについて関心を持つようになったのは私にとってごく自然な成り行きであった。

　名古屋大学大学院での研究をすすめてくださったのは、東京大学名誉教授柴田義松先生であった。柴田先生のお導きで安彦忠彦先生に出会い、2001年春、大学院修学休業制度を利用し、私は、2年の間、名古屋大学大学院教育発達科学研究科において学ぶ貴重な機会をもった。こうして私の学術研究はスタート

した。

　大学院1年目の夏、戦後新教育運動において、辞典を使った指導、学び方指導をどのように行っていたのかを調査すべく、戦後国語教育の先達である中沢政雄、大村はま、倉沢栄吉の3人の先生方にインタビューした。この時、私が最も感銘を受けたのは、異口同音、口々に、戦後新教育で行われていたことは、ほとんど大正新教育においてすでに行われていたという先達の言葉であった。戦後の辞書指導の系統は、アメリカから直輸入であるが、辞典を用いた教育、学び方の指導は、大正新教育において盛んに試みられていたというのである。私は、この時のインタヴューで、日本の教育は第2次世界大戦により戦前教育と全く分断されていたわけではなかったということを知り大変衝撃を受けた。私が大正新教育運動に興味を持ったのはこの時からであった。

　学問的な素養の全くなかった私にとって、学術論文を書き進めることは容易ではなかった。

　「君の文章は印象的すぎる」。当時の指導教官であった安彦先生は、不勉強の私に対して語った。安彦先生は、徹底的に現場教師であるからこそ距離をおいて事象を眺めることの大切さを教えてくださった。

　安彦先生が早稲田大学へ転任された後、私の指導を引き受けてくださった的場正美先生は、事実を重んじ、情熱と論理をもって追究される先生であった。また、的場先生は、志村廣明先生を始めとした私の関心に近い学問領域を専門とされる先生方を紹介してくださった。深い洞察と、広い視野を持ち、親身に真摯に研究指導される的場先生から、本当の意味での研究の面白さ、厳しさを教えていただいた。現在の私があるのは的場先生の存在があるからである。

　豊田ひさき先生には、博士後期課程在籍3年目に出会うことができた。高著『明治期発問の研究』に代表される、近代日本教育方法史研究の専門家である豊田先生から、指導をうけることは私にとって大変光栄なことであり、幸せなことであった。

　吉川卓治先生には、学位審査をお引き受けいただき、本当に拙い論文を丁寧に読んでいただき、地方教育史研究の立場から、細部に至るまで懇切なるご指

導、ご指摘をいただいた。また、高木靖文先生には、博士前期課程以来、教育史研究の立場からいつも温かいご指導、ご指摘をいただいた。近藤孝弘先生には、博士論文を書くことの厳しさを教わった。

このように、幸いにも、私の所属する名古屋大学大学院教育発達科学研究科には学校教育現場の実践に深い関心を持つ先生方が多かったことは、私の研究をすすめていく上で、「追い風」となった。小中学校の現場の教師であった私が学術研究をすすめることは容易なことではなかったが、先生方にあたたかい励ましの声をいただけたことは何よりの励みであった。

この研究を進める過程において、本当に多くの方々にお世話になった。柳川山門教育会の中原幾夫先生には、数日間に及ぶ『福岡県教育会会報』の閲覧や複写を快諾していただくと同時に、福岡県教育の貴重なお話を拝聴する機会をいただいた。昭和初期に建てられた、風格ある柳川山門教育会館でご馳走になった中原先生奥様お手製の鯖の煮付けの味は忘れがたいものとなった。また、豊富な教育図書を持つ名古屋大学教育学部図書室の方々、福岡県教育史関係の図書を紹介してくださった福岡県立図書館の方々、柳川古文書館の方々には大変お世話になった。記して心からの感謝の意を表したい。

大学院修学休業制度で無給となっても私の研究活動を支え、支援してくれた妻。後期課程進学後も、現在に至るまで私のわがままを許してくれた妻に感謝を捧げることをお許しいただきたい。妻は拙い私の論文の最初の読者であり、最も率直に感想を述べるよき「理解者」「批判者」であった。長女桃圭が生まれてからもその支援は変わることはなかった。深い謝辞を妻におくりたい。

株式会社三省堂編集部山本康一さんには編集の労をとっていただいた。細やかで行き届いたお仕事に対し、感謝申し上げたい。

最後に、この小著は出版不況と呼ばれる中、株式会社三省堂北口克彦社長のご厚意により刊行することができた。感謝の言葉を申し上げたい。ありがとうございました。

2011 年 7 月

深谷　圭助

参考資料　岡千賀衛　全文献目録

岡千賀衛「意志修養特に自信力養成に対する卑見」『福岡県教育会会報』第47号、1903（明治36）年、1-4頁。

岡千賀衛「意志修養特に自信力養成に対する卑見」『福岡県教育会会報』第48号、1903（明治36）年、1-4頁。

岡千賀衛「意志修養特に自信力養成に対する卑見」『福岡県教育会会報』第49号、1903（明治36）年、3-7頁。

岡千賀衛「美感の本質及価値」『教育学術界』第7巻7号、1903（明治36）年、33-41頁。

岡千賀衛「活動的教育主義」『福岡県教育会会報』第79号、1905（明治38）年、9-18頁。

岡千賀衛「修身科教授上の欠陥」『教育学術界』第10巻5号、1905（明治38）年、71-75頁。

岡千賀衛「単独的公共教育」『教育学術界』第11巻1号、1905（明治38）年、59-62頁。

岡千賀衛「公共的教育（承前）」『教育学術界』第11巻2号、1905（明治38）年、52-54頁。

岡千賀衛「公共的教育（承前）」『教育学術界』第11巻1号、1905（明治38）年、59-62頁。

岡千賀衛「地理教授上児童描図に関する研究」『教育学術界』第13巻1号、1906（明治39）年、58-60頁。

岡千賀衛「綴り方教授法研究」『教育実験界』第21巻8号、1908（明治41）年、20-24頁。

岡千賀衛「綴り方教授法研究」『教育実験界』第21巻9号、1908（明治41）年、17-21頁。

岡千賀衛「綴り方教授法研究」『教育実験界』第21巻10号、1908（明治41）年、25-29頁。

岡千賀衛「綴り方教授法研究」『教育実験界』第21巻11号、1908（明治41）年、15-21頁。

岡千賀衛「綴り方教授法研究」『教育実験界』第22巻1号、1908（明治41）年、8-10頁。

岡千賀衛「綴り方教授法研究」『教育実験界』第22巻3号、1908（明治41）年、6-10頁。

岡千賀衛「綴り方教授法研究」『教育実験界』第22巻5号、1908（明治41）年、20-23頁。

岡千賀衛「綴り方教授法研究」『教育実験界』第22巻6号、1908（明治41）年、20-24頁。

岡千賀衛「綴り方教授法研究」『教育実験界』第22巻7号、1908（明治41）年、18-28頁。

岡千賀衛「綴り方教授法研究」『教育実験界』第22巻8号、1908（明治41）年、13-16頁。

岡千賀衛「綴り方教授法研究」『教育実験界』第22巻9号、1908（明治41）年、17-20頁。

岡千賀衛「綴り方教授法研究」『教育実験界』第22巻10号、1908（明治41）年、17-18頁。

岡千賀衛「綴り方教授法研究」『教育実験界』第22巻11号、1908（明治41）年、20-24頁。

岡千賀衛「綴り方教授法研究」『教育実験界』第22巻12号、1908（明治41）年、13-16頁。

岡千賀衛「綴り方教授法研究」『教育実験界』第22巻13号、1908（明治41）年、14-17頁。

岡千賀衛「自学輔導法」『小学校』第5巻11号、1908（明治41）年、38-42頁。

岡千賀衛「自学輔導法」『小学校』第5巻12号、1908（明治41）年、31-33頁。

岡千賀衛「自学輔導法」『小学校』第6巻1号、1908（明治41）年、44-47頁。

岡千賀衛「ヘルバルト学説の余弊」『教育公論』第2号、1908（明治41）年、22頁。

岡千賀衛『自学輔導新教授法』弘道館、1909（明治42）年。

岡千賀衛「自学輔導法大綱」『福岡県教育会会報』第 126 号、1909（明治 42）年、1-10 頁。
岡千賀衛「自学輔導法大綱」『福岡県教育会会報』第 129 号、1909（明治 42）年、1-7 頁。
岡千賀衛「學習的習慣と其養成上の注意」『教育研究』第 58 号、1909（明治 42）年 1 月、51-57 頁。
岡千賀衛「學習的習慣と其養成上の注意」『教育研究』第 59 号、1909（明治 42）年 2 月、9-21 頁。
岡千賀衛「教材の区分につきて」『教育研究』第 61 号、1909（明治 42）年 4 月、1-8 頁。
岡千賀衛「教材の区分につきて」『教育研究』第 62 号、1909（明治 42）年 5 月、4-10 頁。
岡千賀衛「複式教授に於ける空時の処置」『教育研究』第 63 号、1909（明治 42）年 6 月、13-20 頁。
岡千賀衛「複式教授における復演の方法」『教育研究』第 66 号、1909（明治 42）年 9 月、38-43 頁。
岡千賀衛「計算練習に於ける組織的段階的用意」『教育研究』第 68 号、1909（明治 42）年 11 月、8-15 頁。
岡千賀衛「計算練習に於ける組織的段階的用意」『教育研究』第 69 号、1909（明治 42）年 12 月、21-27 頁。
岡千賀衛「第三部第三学級尋常（第四五六學年）讀方教授教授者岡千賀衛」『教育研究』第 69 号、1909 年（明治 42）年 12 月、45-51 頁。
岡千賀衛「筆算除法教授につきて」『教育研究』第 71 号、1910（明治 43）年 2 月、39-45 頁。
岡千賀衛「自學自習に関する研究の要点」『教育研究』第 74 号、1910（明治 43）年 5 月、26-31 頁。
岡千賀衛「修正算術書の研究」『教育研究』第 77 号、1910（明治 43）年 8 月、11-19 頁。
岡千賀衛「修正算術書の研究」『教育研究』第 78 号、1910（明治 43）年 9 月、31-36 頁。
岡千賀衛「修正算術書の研究」『教育研究』第 79 号、1910（明治 43）年 10 月、18-27 頁。
岡千賀衛「修正算術書の研究」『教育研究』第 80 号、1910（明治 43）年 11 月、32-36 頁。
岡千賀衛「修正算術書の研究」『教育研究』第 81 号、1910（明治 43）年 12 月、18-21 頁。
岡千賀衛『忘れられたる算術教授』『教育研究』第 87 号、1911（明治 44）年 6 月、49-56 頁。
岡千賀衛「練習に関する研究」『教育研究』第 91 号、1911（明治 44）年 10 月、10-15 頁。
岡千賀衛「算術科実地授業」『教育研究』第 91 号、1911（明治 44）年 10 月、43-48 頁。
岡千賀衛「練習に関する研究」『教育研究』第 92 号、1911（明治 44）年 11 月、26-34 頁。
岡千賀衛「練習に関する研究」『教育研究』第 93 号、1911（明治 44）年 12 月、12-19 頁。
岡千賀衛「練習に関する研究」『教育研究』第 95 号、1912（明治 45）年 2 月、10-15 頁。
岡千賀衛「暗算筆算珠算の統一」『教育研究』第 100 号、1912（明治 45）年 7 月、112-12 頁。
岡千賀衛「計算器」『教育研究』第 105 号、1912（大正元）年 12 月、18-24 頁。
岡千賀衛「兵庫縣の全日二部教授」『教育研究』第 109 号、1913（大正 2）年 4 月、98-100 頁。
岡千賀衛「兵庫縣の全日二部教授」『教育研究』第 110 号、1913（大正 2）年 5 月、93-100 頁。
岡千賀衛「兵庫縣の全日二部教授」『教育研究』第 111 号、1913（大正 2）年 6 月、83-91 頁。

岡千賀衛「価値ある計算練習問題」『教育研究』第 115 号、1913（大正 2）年 10 月、15-24 頁。
岡千賀衛「価値ある計算練習問題」『教育研究』第 116 号、1913（大正 2）年 11 月、25-37 頁。
岡千賀衛「価値ある計算練習問題」『教育研究』第 117 号、1913（大正 2）年 12 月、18-30 頁。
岡千賀衛、小林佐源治『複式教授法』目黒書店、1914（大正 3）年。
岡千賀衛『珠算教授法精義』大同館、1914（大正 3）年。
岡千賀衛「復習に関する研究」『教育研究』第 124 号、1914 年（大正 3）年 6 月、28-37 頁。
岡千賀衛「復習に関する研究」『教育研究』第 125 号、1914 年（大正 3）年 7 月、16-24 頁。
岡千賀衛「復習に関する研究」『教育研究』第 127 号、1914 年（大正 3）年 9 月、32-41 頁。
岡千賀衛「復習に関する研究」『教育研究』第 131 号、1914 年（大正 3）年 12 月、11-21 頁。
岡千賀衛「人格教育に関する所感」『教育研究』第 132 号、1915 年（大正 4）年 1 月、68-73 頁。

[著者]
深谷圭助（ふかや・けいすけ）
1965年生まれ。愛知教育大学卒業。名古屋大学大学院博士後期課程修了。博士（教育学）。愛知県刈谷市立亀城小学校で「辞書引き学習法」を導入し注目を集める。2005年、立命館小学校の設置メンバーとなり、2008年、校長に就任。2010年から中部大学准教授。編著書に『小学校1年で国語辞典を使えるようにする30の方法』（明治図書）、『7歳から「辞書」を引いて頭をきたえる』（すばる舎）、『三省堂例解小学ことわざ辞典』（三省堂）など。

近代日本における自学主義教育の研究

2011年9月1日　第1刷発行

著　者　　深谷圭助
発行者　　株式会社　三省堂　代表者　北口克彦
印刷者　　三省堂印刷株式会社
発行所　　株式会社　三省堂
　　　　　〒101-8371
　　　　　東京都千代田区三崎町二丁目22番14号
　　　　　　　電話（03）3230-9411（編集）
　　　　　　　　　（03）3230-9412（営業）
　　　　　http://www.sanseido.co.jp/
　　　　　振替口座 00160-5-54300

© K. Fukaya 2011, Printed in Japan

〈自学主義教育の研究・240pp.〉
落丁本・乱丁本はお取り替えいたします。
ISBN 978-4-385-36571-8

Ⓡ本書を無断で複写複製することは、著作権法上の例外を除き、禁じられています。本書をコピーされる場合は、事前に日本複写権センター（03-3401-2382）の許諾を受けてください。また、本書を請負業者等の第三者に依頼してスキャン等によってデジタル化することは、たとえ個人や家庭内での利用であっても一切認められておりません。